W0301328

Vanessa Bollenberg
Jennifer Klein
Bernadette Twiehaus

Ich übernehme eine Willkommensklasse

Tipps, Themen und spielerische Übungen für den erfolgreichen Erstunterricht

abgeschrieben

Cornelsen

Die Autorinnen:

Die drei Autorinnen sind Klassenlehrerinnen in Willkommensklassen und arbeiten an verschiedenen Grundschulen in Dortmund bzw. Oberhausen. Sie kennen sich vom gemeinsamen Studium bzw. aus dem Referendariat.

Vanessa Bollenberg und **Jennifer Klein** haben beide Mathematik für die Grundschule an der TU Dortmund studiert. Vanessa Bollenberg hat als zweites Fach Sachunterricht und Jennifer Klein Englisch studiert. **Bernadette Twiehaus** hat ihr Grundschulstudium mit den Fächern Deutsch und katholische Religionslehre an der Universität Duisburg-Essen absolviert.

Projektleitung: Gabriele Teubner-Nicolai, Berlin
Redaktion: Anke Simon, Wilnsdorf
Illustrationen: Liliane Oser, Hamburg
Fotos: Bernadette Twiehaus S. 21, 22, 24 oben; Jennifer Klein S. 24 unten
Gesamtgestaltung: LemmeDESIGN, Berlin

www.cornelsen.de

Die Links zu externen Webseiten Dritter, die in diesem Titel angegeben sind, wurden vor Drucklegung sorgfältig auf ihre Aktualität geprüft. Der Verlag übernimmt keine Gewähr für die Aktualität und den Inhalt dieser Seiten oder solcher, die mit ihnen verlinkt sind.

1. Auflage 2017

© 2017 Cornelsen Verlag GmbH, Berlin

Das Werk und seine Teile sind urheberrechtlich geschützt. Jede Nutzung in anderen als den gesetzlich zugelassenen Fällen bedarf der vorherigen schriftlichen Einwilligung des Verlages. Hinweis zu den §§ 46, 52 a UrhG: Weder das Werk noch seine Teile dürfen ohne eine solche Einwilligung eingescannt und in ein Netzwerk eingestellt werden. Dies gilt auch für Intranets von Schulen und sonstigen Bildungseinrichtungen.

Druck: AZ Druck und Datentechnik GmbH, Kempten

ISBN 978-3-589-15400-5

PEFC
PEFC/04-31-2260

PEFC zertifiziert
Dieses Produkt stammt aus nachhaltig bewirtschafteten Wäldern und kontrollierten Quellen.
www.pefc.de

Inhalt

Vorwort

„So wie es aussieht, bekommt unsere Schule eine Willkommensklasse. Wären Sie bereit, diese zu übernehmen?"

Angesichts dieser Frage kommen zwei Gefühle gleichzeitig auf: Freude und Angst vor dem Ungewissen.

Freude, weil einem nicht nur die Chance gegeben wird, eine eigene Klasse zu leiten, sondern auch die Möglichkeit, Kindern Bildung näherzubringen (was des Lehrers höchste Maxime sein sollte) und sie durch das Vermitteln der deutschen Sprache besser in unsere Gesellschaft zu integrieren.

Angst, weil nun eine neue Verantwortung vor der Tür steht, die es zu bewältigen gilt und die einen vor komplett neue Herausforderungen stellt.

Selbstverständlich werden immer wieder Situationen auftreten, in denen Menschen zum Ausdruck bringen, dass sie gegen die Beschulung von Flüchtlingskindern sind. Hier lässt sich eins festhalten: Egal, was in der Weltgeschichte und Politik passiert oder wer die Schuld daran trägt: Diese Kinder tun es nicht! Auch sie haben ein Recht auf Bildung – so wie jedes andere Kind in Deutschland. Sie sollten nicht verantwortlich gemacht werden für die Fehler der Kriegsführer. Was Erwachsene tun, sollte nicht auf den Schultern der Kinder lasten.

„Jeder junge Mensch hat ohne Rücksicht auf seine wirtschaftliche Lage und Herkunft und sein Geschlecht ein Recht auf schulische Bildung, Erziehung und individuelle Förderung."[1]

1 Schulgesetz für das Land Nordrhein-Westfalen vom 15. Februar 2005, zuletzt geändert am 14. Juni 2016, § 1. https://www.schulministerium.nrw.de/docs/Recht/Schulrecht/Schulgesetz/Schulgesetz.pdf (letzter Zugriff am 15.10.2016).

Es ist verständlich, dass bei der Übernahme einer Willkommensklasse anfangs die Angst überwiegt, denn es gibt viele Fragen, die vorerst ungeklärt sind, wie zum Beispiel:

- *Woher nehme ich die Materialien?*
- *Wie spreche ich mit den Kindern, wenn sie gar kein Wort Deutsch können?*
- *Was mache ich mit Kindern, die traumatisiert sind?*

Doch niemand ist allein: Vielen anderen Lehrerinnen und Lehrern geht es ähnlich. Sie stehen plötzlich vor der „Herausforderung Willkommensklasse". Und zwischen all der Verwirrung und Ängstlichkeit findet sich auch Freude. Diese ist – nach unserer Erfahrung – berechtigt, denn das Unterrichten in einer Willkommensklasse ist eine sehr dankbare Aufgabe. Die Willkommenskinder lernen in der Regel mit überdurchschnittlich großer Motivation.
Leider sind in vielen Bundesländern die Lehrpläne für den Bereich Deutsch als Zweitsprache noch im Aufbau. So ist es zwar wünschenswert, sich an den Lehrplänen der einzelnen Fächer zu orientieren, damit die Kinder gut auf die Regelklassen vorbereitet werden und ihnen der Übergang leichter fällt. Trotzdem setzt die jeweilige Lehrkraft der Willkommensklassen die Themen eigenständig fest und integriert diese in ihren Unterricht. Die Freiheit im Gestalten des Unterrichts ist somit groß und der eigenen Kreativität stehen alle Türen offen.
Es ist erfahrungsgemäß sehr orts- und schulabhängig, an welche weiteren Aspekte von Schule, wie beispielsweise das Schreiben von Klassenarbeiten oder die Veranstaltung von Elternabenden sowie Sprechtagen, die Willkommenslehrerin bzw. der Willkommenslehrer gebunden ist.
Sind Klassenarbeiten in der Willkommensklasse nicht vorgesehen, so nimmt dies zwar den Druck und es lässt sich beruhigter an die Herausforderung herangehen. Doch der Gedanke, dadurch wäre es viel weniger Arbeit, trügt. Die Arbeit kehrt einfach auf anderen Ebenen zurück, denn

Kinder in der Willkommensklasse wollen nicht nur lernen, sie fordern es auch ein.
Die Kinder arbeiten fleißig, mit Freude und geben sich Mühe. Sie möchten lernen und sind sehr wissbegierig. Die Chance auf Bildung nehmen sie, wenn auch vielleicht unbewusst, sehr ernst. Selbstverständlich kann dies, wie vieles andere auch, nicht verallgemeinert werden. Bildung hat in anderen Kulturen oft einen anderen Stellenwert als in Deutschland. Kindsein bringt teilweise ganz andere Verpflichtungen mit sich, als es unser Kulturkreis gewohnt ist. Die Kinder nehmen innerhalb der Familie oft eine andere Stellung ein. So kann es beispielsweise sein, dass eines der beiden Elternteile verstorben oder das Kind das älteste in seiner Familie ist und dadurch die Verantwortung für seine Geschwister mitträgt.
Die meisten Schüler der Willkommensklassen haben gegenüber Älteren – egal ob inner- oder außerhalb der Familie – Respekt und einen ausgeprägten Gerechtigkeitssinn. Dies fällt im Unterricht immer wieder auf, wenn die Kinder überdurchschnittlich darauf achten, dass jedes Kind gleich behandelt wird.
Aufgrund des anderen Verständnisses von Familie ist es nicht verwunderlich, dass diese Vorrang hat – auch vor Schule. Es gibt Tage, an denen manche Kinder nicht zur Schule kommen werden, da sie der Mutter im Haushalt helfen, einkaufen gehen oder sich um ihre Geschwister kümmern, während die Eltern anderen Verpflichtungen nachgehen.
Dieses Buch soll allen angehenden und bereits aktiven Klassenlehrern und -lehrerinnen einer Willkommensklasse die ersten Ängste nehmen und aufzeigen, wie schön die Arbeit in diesen Klassen sein kann. Wenn erst einmal eine angenehme Lernatmosphäre geschaffen worden ist und die Schüler sich wohlfühlen, ist es erstaunlich, wie gerne die Kinder in die Schule kommen und wie schnell sie wirklich viel lernen. Auch jede Lehrkraft lernt mit und von den Kindern. Nach nur kurzer Zeit ist jeder Improvisationsmeister und kann mithilfe von Gesten und Mimik viele Situatio-

nen erarbeiten. Falls dennoch nicht alles so verläuft wie geplant, ist dies nicht schlimm und es ist stattdessen vielleicht Zeit für ein humorvolles Achselzucken. Solche Situationen schaffen häufig Gemeinschaft und die Kinder erkennen, dass alle täglich dazulernen.
Unsere Ausführungen über Regeln und Gesetze beziehen sich immer auf das Bundesland Nordrhein-Westfalen. Andere Bundesländer haben eventuell andere Vorgaben. So hat beispielsweise Bayern im Gegensatz zu NRW bereits einen Lehrplan DaZ. Die regelmäßig stattfindende Kultusministerkonferenz gewährleistet aber gleichzeitig, dass die meisten Bundesländer recht ähnlich agieren, sodass unsere Angaben über NRW in den meisten Fällen verallgemeinert werden können.

Zu bedenken ist jedoch immer: Die Kinder kommen – egal, um welches Bundesland es sich handelt – in ein neues Land mit fremden Menschen und einer fremden Sprache und es ist unglaublich anstrengend für sie, vier bis fünf Stunden am Tag nur Deutsch zu hören. Das ist eine beeindruckende Leistung und gerade deshalb braucht diese Art von Unterricht Innovationen, um mit allen Herausforderungen umgehen zu können. Für diesen Weg möchten wir in diesem Band Hilfestellungen geben und die notwendigen Grundlagen erläutern.
Das Arbeiten in einer Willkommensklasse verlangt, dass man offen ist und keine Angst hat, sich auf etwas Neues einzulassen. Niemand behauptet, dass es einfach wird, aber der Spaß und die Freude an dieser Arbeit ist enorm. Die Kinder und ihre Eltern sind dankbar und die Motivation wächst von Thema zu Thema.
Natürlich ist zu beachten, dass in der Vorbereitung des Unterrichtes viel Mühe und Arbeit steckt. Es gilt nicht nur die sprachliche Herausforderung an sich zu bedenken, sondern auch die Differenzierung. Häufig treffen sich Kinder aller Lernstände der Klassen 1 bis 4 in einer Lerngruppe. An manchen Schulen gibt es zwei Willkommensklassen und somit die Möglichkeit einer Einteilung in die Jahrgänge 1/2 und 3/4. Dennoch zeigt

die Erfahrung, dass es in allen Willkommensklassen zu einer mannigfaltigen Differenzierung kommt. Diese zeugt nicht zuletzt daher, dass jedes Land sein eigenes Schulsystem hat und nicht immer überhaupt sichergestellt ist, dass die Kinder das Glück hatten, in ihrem Heimatland schon einmal eine Schule besuchen zu dürfen. Differenziert wird bereits in einer heterogenen Regelklasse, in der Kinder nicht immer auf demselben Level arbeiten können, und schon das ist eine Herausforderung. Willkommensklassen erfordern jedoch häufig einen noch höheren Grad an Differenzierung und machen aus der häufig gestellten Anforderung an Schule, jedes Kind dort abzuholen, wo es steht, klare Realität.
Wir möchten mithilfe dieses Buches nicht nur bestimmte Abläufe und Hilfestellungen aufzeigen, die im alltäglichen Unterricht einer Willkommensklasse von Vorteil sind, sondern auch eine Übersicht über mögliche Unterrichtsinhalte geben. Dieser Band beinhaltet selbst keine expliziten Unterrichtsmaterialien, jedoch erste Ideen und Ratschläge zum Aufbau eines lernförderlichen Klimas in einer Klasse mit Flüchtlingskindern.
Letztlich sei noch gesagt: Niemand sollte sich von seinen ersten Ängsten und Unsicherheiten aufhalten lassen! Es ist eine tolle Arbeit, die einem viel von dem zurückgibt, weshalb man Lehrer geworden ist.
Wir wünschen allen zukünftigen und schon aktiven Klassenlehrerinnen und -lehrern einer Willkommensklasse sowie ihren Schülerinnen und Schülern viel Erfolg – und was noch wichtiger ist: Viel Spaß in der Schule!

Vanessa Bollenberg, Jennifer Klein und Bernadette Twiehaus

1 Allgemeine Informationen zu Willkommensklassen

1.1 Erstsprache – Zweitsprache – Fremdsprache

„Wie andere Bereiche der kindlichen Entwicklung ist auch die Erforschung kindlicher Sprachaneignung von kontroversen Diskussionen geprägt."[2]

Dies ist nicht zuletzt darauf zurückzuführen, dass sich sowohl die Linguistik als auch die Psychologie mit diesem spannenden Thema befassen. An dieser Stelle sollen nicht die einzelnen Theorien dargestellt werden, da dies den Rahmen des Buches sprengen würde. Stattdessen werden kurz die Themenbereiche Erstspracherwerb und verschiedene Formen von Mehrsprachigkeit erläutert.

Erstspracherwerb

Kinder unterscheiden bereits im Alter von einem Monat eine Vielzahl unterschiedlicher Laute. Mit sechs Monaten beginnen sie, sogenannte Lalllaute zu produzieren, die alle in Sprachen vorkommende Laute umfassen. Bis zum Ende dieser Phase reduzieren sich die Laute jedoch auf das Inventar der Muttersprache. Daraus kann man schließen, dass die Kinder in diesem Alter bereits wahrnehmen, welche Laute und Lautdifferenzierungen in der eigenen Sprache relevant sind.

Sobald der Wortschatz eines Kindes auf etwa 50 Wörter angestiegen ist, entdeckt das Kind das syntaktische Prinzip und bildet Zwei- und Dreiwortsätze. Gleichzeitig kommt es zu einem Wortschatzspurt und frühe sprachliche Konstruktionen werden im Laufe der Zeit immer komplexer und abstrakter.

---

2 Jeuk, Stefan: Deutsch als Zweitsprache in der Schule. Grundlagen – Diagnose – Förderung. Verlag W. Kohlhammer: Stuttgart 2010², S. 26.

Selbstverständlich gibt es von Anfang an große Unterschiede in der Sprachentwicklung zwischen verschiedenen Kindern.

Mehrsprachiger Spracherwerb

Es gibt drei Formen des mehrsprachigen Spracherwerbs:

- *der simultane Erwerb zweier Sprachen,*
- *der sukzessive Erwerb zweier Sprachen in der Kindheit, der sogenannte kindliche Zweitspracherwerb,*
- *der Zweitspracherwerb bei Erwachsenen.*

Die drei Formen unterscheiden sich durch den Zeitpunkt des Spracherwerbs, die Qualität des Erwerbs, den Erwerbsverlauf, die Erwerbsgeschwindigkeit und letztendlich das Ergebnis.

Simultaner Erwerb zweier Sprachen

Der Erstspracherwerb verläuft bei allen Menschen in ähnlicher Weise. Jeder weitere Erwerb einer Sprache ist jedoch von dem jeweiligen prägenden Umfeld des Lernenden abhängig. Von simultanem Bilingualismus bzw. doppeltem Erstspracherwerb wird gesprochen, wenn bis Ende des dritten Lebensjahres beide Sprachen als Erstsprachen erworben und verarbeitet werden.[3] Der Sprecher bedient sich in diesem Fall souverän beider Sprachen.

3 Vgl. Bickes, Hans/Pauli, Ute: Erst- und Zweitspracherwerb. UTB (W. Fink): Paderborn 2009, S. 81.

Kindlicher Zweitspracherwerb oder Zweitspracherwerb Erwachsener

Sprachen, die nach dem vierten Lebensjahr hinzukommen, werden als Zweit- oder Fremdsprache bezeichnet.

> *„Während die Zweitsprache prototypisch ungesteuert, also ohne formalen Unterricht erworben wird, wird die Fremdsprache durch gesteuerten Unterricht in der erstsprachlichen Umgebung erlernt."*[4]

Eine klare Unterscheidung zwischen Zweitsprache und Fremdsprache ist hier jedoch schwierig, da ein Lerner nachvollziehbarerweise jederzeit zwischen den Erwerbsarten wechseln kann, indem er sich beispielsweise als Zweitsprachenlerner etwas zu seiner Zweitsprache erklären lässt oder als Fremdsprachenlerner die Sprache in Gesellschaft nutzt.[5]

Generell unterscheidet sich der Zweitspracherwerb vom Erstspracherwerb dadurch, dass beim Erwerb einer Zweitsprache bereits ein gefestigtes erstsprachliches System existiert und jedes weitere System zwangsläufig damit verglichen wird.[6]

Wie gut ein Zweitsprachenlerner eine Sprache letztendlich spricht, ist abhängig von verschiedenen Faktoren. Jeuk orientiert sich an den Faktoren Motivation, Fähigkeit und Gelegenheit.[7]

Zur *Motivation* gehören das Interesse und die Leistungsbereitschaft, eine Sprache zu lernen.[8] Erfahrungsgemäß zeigen die Willkommenskinder beides in hohem Maße, da es in ihrem eigenen und dem Interesse ihrer Familien liegt, schnell der neuen Sprache mächtig zu werden. Kommt noch

4 Ebd. S. 92.
5 Vgl. ebd. S. 93.
6 Vgl. ebd. S. 94.
7 Vgl. Jeuk, S. 37.
8 Vgl. ebd. S. 38.

eine positive emotionale Beziehung zum Sprecher der Zielsprache, also der Lehrkraft, hinzu, ist der Antrieb zum Zweitspracherwerb umso höher. Der Faktor *Fähigkeit* berücksichtigt neben Aspekten wie Intelligenz, vorhandenes Sprachwissen und Lernstrategien auch das Alter. Heute hat nicht mehr ausschließlich die Theorie Bestand, dass nur in einer bestimmten kindlichen Phase gut Sprachen gelernt werden können. Vielmehr ist davon auszugehen, dass das menschliche Gehirn über die Pubertät hinaus in der Lage ist, Sprachen gut zu lernen, dann jedoch andere Lernstrategien nutzt.[9]

Aus diesem Grund ist es ratsam, dem Alter entsprechend unterschiedliche Lernsituationen zu erzeugen. Während Kinder für intuitive, ganzheitliche Vorgehensweisen offen sind, können Ältere in gesteuerten Situationen besser eine Sprache erwerben. Zu beachten ist außerdem, dass Kindern häufig der Erwerb der Aussprache leichter fällt, was jedoch nichts über ihre sprachlichen Fähigkeiten aussagt.

Zuletzt gilt es, ausreichend *Gelegenheit* zum Erlernen der Sprache zu schaffen:[10]

> *„Ein häufiger Kontakt zu einsprachig deutschen Kindern korreliert hoch signifikant mit guten Leistungen in der deutschen Sprache."*[11]

In unseren Augen ist es daher sehr sinnvoll, die Kinder regelmäßig und möglichst häufig am Regelklassenunterricht teilnehmen zu lassen, in den offenen Ganztag zu integrieren und gemeinsame Aktionen mit den Regelklassen, wie etwa Ausflüge, zu befürworten und zu unterstützen.

---

9 Vgl. ebd. S. 39f.
10 Vgl. ebd. S. 40.
11 Ebd. S. 41.

1.2 Was sind Seiteneinsteigerklassen?

Unter Seiteneinsteigern bzw. Quereinsteigern versteht das Wörterbuch:

> *„Als **Quereinsteiger** oder auch **Seiteneinsteiger** wird eine Person bezeichnet, die aus einer fremden Sparte/Branche in ein neues Betätigungsfeld wechselt, ohne die für diesen Beruf [...] sonst allgemein übliche ‚klassische' Berufsausbildung [...] absolviert zu haben."*[12]

Seiteneinsteiger im schulischen Bereich sind die Schülerinnen und Schüler, „deren Kenntnisse in der deutschen Sprache die Teilnahme am Unterricht einer Regelklasse noch nicht ermöglichen".[13] Diese Kinder und Jugendlichen sind zumeist nach Deutschland eingereist und in der Regel in ihrem Heimatland bereits zur Schule gegangen. Nach deutschem Schulrecht sind sie schulpflichtig.[14] Häufig sprechen sie noch kein oder nur sehr wenig Deutsch. Neben Schülerinnen und Schüler, die noch alphabetisiert werden müssen, gibt es auch Kinder, die je nach Herkunftsland die lateinische Druck- oder Schreibschrift nicht beherrschen.[15]
Viele Seiteneinsteiger sind aufgrund einer überstandenen Flucht und der dadurch entstandenen psychischen und sozialen Probleme stark traumatisiert.

---

12 http://worterbuchdeutsch.com/de/seiteneinsteiger (letzter Zugriff am 15. 10. 2016).

13 BASS 13 – 63 Nr. 3: Unterricht für Schülerinnen und Schüler mit Zuwanderungsgeschichte, insbesondere im Bereich der Sprachen. RdErl. d. Ministeriums für Schule und Weiterbildung v. 21. 12. 2009 (Stand 01. 05. 2014), Punkt 2.1. https://www.schulministerium.nrw.de/docs/Recht/Schulrecht/Erlasse/Herkunftssprache.pdf (letzter Zugriff am 15. 10. 2016).

14 Schulgesetz für das Land Nordrhein-Westfalen vom 15. Februar 2005, zuletzt geändert am 14. Juni 2016, § 34ff. https://www.schulministerium.nrw.de/docs/Recht/Schulrecht/Schulgesetz/Schulgesetz.pdf (letzter Zugriff am 15. 10. 2016).

15 Vgl. Regionale Arbeitsstelle zur Förderung von Kindern und Jugendlichen aus Zuwandererfamilien (RAA), Köln: Handreichung zum Unterricht mit Seiteneinsteigern im Primarbereich. Stadt Köln 2004, aktualisiert 2011, S. 1. Im Internet zu finden unter: http://www.schichtwechsel.net/akki2/handreichungen/Handreichung_zum_Unterricht_mit_Seiteneinsteigern_im_Primarbereich_Teil1.pdf (letzter Zugriff am 15. 10. 2016).

Für diese Schüler wurden beispielsweise in Nordrhein-Westfalen sogenannte Seiteneinsteigerklassen gebildet. Nach Angaben von Martin Schneider, Dezernent der Bezirksregierung Düsseldorf, wurden im ersten Schulhalbjahr 2014/2015 in Nordrhein-Westfalen insgesamt rund 10 000 Kinder ohne Deutschkenntnisse ins Schulsystem aufgenommen. In rund 1 335 Seiteneinsteigerklassen wurden sie auf den regulären Unterricht vorbereitet.[16] Die Anzahl der Klassen mit neu zugewanderten Schülerinnen und Schülern stieg im Jahr 2015 aufgrund der Flüchtlingskrise stark an. Im April 2015 hatte zum Beispiel die Stadt Oberhausen bereits 13 Seiteneinsteigerklassen an 11 von 34 Grundschulen mit 178 Schülern und Schülerinnen[17] (Tendenz weiter steigend).
Seiteneinsteigerklassen werden auch als internationale Vorbereitungsklassen (IVK) bezeichnet. Diese Vorbereitungsklassen können an jeder Schulform gebildet werden und sind Teil der Schule, an der sie eingerichtet werden.[18] An vielen Schulen werden sie auch Willkommensklassen genannt, was in unseren Augen den positiven Aspekt des Willkommenseins sehr gut zum Ausdruck bringt. Die Klassen sind zumeist jahrgangsgemischt, haben einen festen Klassenraum und eine feste Klassenlehrerin bzw. einen festen Klassenlehrer.

Die Kinder sollen hier auf die Teilnahme am Regelunterricht vorbereiten werden.

> *„Ziel der Vorbereitungsklassen ist die schnellstmögliche Eingliederung der Schülerinnen und Schüler mit Zuwanderungsgeschichte in die ihrem Alter oder ihrer Leistungsfähigkeit entsprechende Regelklasse."*[19]

16 http://www.focus.de/regional/essen/fluechtlinge-seiteneinsteigerklassen-fuer-alle-beteiligten-ein-kraftakt_id_4584001.html (letzter Zugriff am 15. 10. 2016).

17 Vgl. http://www.schicht-wechsel.net/akki2/alle.htm (letzter Zugriff am 15. 10. 2016).

18 Vgl. BASS 13 – 63 Nr. 3, Punkt 2.3.

19 BASS 13 – 63 Nr. 3, Punkt 2.1.

Dabei beträgt die Verweildauer in der Vorbereitungsklasse maximal zwei Jahre.[20] Der Schwerpunkt liegt auf dem Erlernen der deutschen Sprache in Wort und Schrift, weshalb mindestens zehn bis zwölf Wochenstunden Deutschunterricht verpflichtend sind. Die Gesamtzahl der Schülerwochenstunden richtet sich nach der für die jeweilige Jahrgangsstufe vorgesehenen Stundenzahl, wobei auch in anderen Unterrichtsfächern wie Musik und Sport das Erlernen der deutschen Sprache eine große Rolle spielen soll.[21]

Die Entscheidung über den Übergang in die Regelklasse, die der Leistungsfähigkeit der Kinder entspricht, trifft die Klassenkonferenz der Vorbereitungsklasse.[22]

In diesem Buch werden wir an verschiedenen Beispielen darlegen, wie wir in unseren Seiteneinsteigerklassen arbeiten. Diese Ideen haben keinen Anspruch auf Vollständigkeit und sollen als mögliche Anregungen, Unterstützung oder Hilfestellung gesehen werden.

1.3 Wie gehe ich mit traumatisierten Kindern und Jugendlichen um?

„Fast alle Flüchtlingskinder haben große Verluste erlebt. Vielleicht starb ein Familienmitglied, manchmal sogar Vater, Mutter und/oder ein Geschwisterkind. Viele Familien sind auseinandergerissen, sie wissen nicht, wie es ihren Liebsten geht, ob sie gesund sind oder noch leben. Zudem leiden die meisten Kinder unter Heimweh, vermissen Freunde und ein vertrautes Umfeld.“[23]

20 Vgl. BASS 13 – 63 Nr. 3, Punkt 2.1.

21 Vgl. BASS 13 – 63 Nr. 3, Punkt 2.4.

22 Vgl. BASS 13 – 63 Nr. 3, Punkt 2.6.

23 Shah, Hanne: Flüchtlingskinder und jugendliche Flüchtlinge in Schulen, Kindergärten und Freizeiteinrichtungen. Hrsg. von der Unfallkasse NRW: Essen 2015^{2}, S. 10.

Jedes Kind geht anders mit seinen Erlebnissen um. Deshalb gibt es kein pauschales Rezept zum Umgang mit traumatisierten Kindern und Jugendlichen. Wichtig zu wissen und zu beachten ist jedoch, dass es einen Unterschied zwischen Traurigkeit, Trauer und Trauma gibt, denn nicht alle Flüchtlingskinder sind, nur weil sie geflüchtet sind, automatisch traumatisiert.

Traurigkeit

Traurigkeit ist ein Gefühl, wie etwa das Traurigsein wegen einer schlechten Note, das in der Regel linear verläuft und mit der Zeit ganz abebbt.

Trauer

Trauer hingegen ist ein Zustand, der über einen langen Zeitraum anhalten kann und in Wellen verläuft. Sie beinhaltet Gefühle wie Schmerz, Kummer, Zorn, Wut, Verzweiflung, Ohnmacht, Scham und Schuldgefühle und kann ein Leben lang anhalten.[24]

Trauma

Bei einem seelischen Trauma dominiert das Gefühl der Angst. Die Betroffenen können die Geschehnisse zumeist nicht als Geschichte wiedergeben und sind Gefangene ihrer Angst. Sie erinnern sich oft nur noch an Bruchstücke, manchmal auch gar nicht mehr an das Erlebte.[25] Durch dieses Trauma kann das Sicherheitsgefühl stark beeinträchtigt sein.

Auf welche Art und Weise Kinder auf das Erlebte reagieren, ist so unterschiedlich, wie es die Menschen sind. Während einige Kinder scheu und zurückgezogen agieren, sind andere sehr unruhig oder gar aggressiv. Jegliche Art von denkbarer Reaktion ist auch möglich. Doch egal, ob ein Kind traurig, in Trauer oder traumatisiert ist: Allen Kindern helfen Sicherheit und dauerhaft stabile Strukturen:

24 Vgl. ebd. S. 10f.
25 Ebd. S. 10.

„Flüchtlingskinder brauchen vor allem Verständnis, das Gefühl angenommen und willkommen zu sein, ein wertschätzendes Gegenüber, Sicherheit, Stabilität und Struktur."[26]

1.4 Wie funktionieren die Schulzuweisungen?

„Sobald die Familien in den Kommunen ankommen, werden schulpflichtige Kinder und Jugendliche über das Kommunale Integrationszentrum in Schulen vermittelt."[27]

Diese Kommunalen Integrationszentren (KI) gibt es mittlerweile in sehr vielen Städten Nordrhein-Westfalens. Sie beschäftigen sich mit den Schwerpunkten „Querschnittsaufgabe Integration" und „Integration durch Bildung".[28] Wenn in den Städten kein Kommunales Integrationszentrum vorhanden ist, übernimmt diese Aufgabe das jeweilige städtische Schulamt.

Die KI vermitteln die Kinder unabhängig von Aufenthaltsstatus oder Herkunft an die jeweiligen Schulen. So sind in den Seiteneinsteigerklassen nicht selten Kinder verschiedener Nationen, deren Familien bereits eine Aufenthaltsgenehmigung haben, und solche, die nur geduldet sind oder noch auf eine Entscheidung warten. Der Aufenthaltsstatus und die eigene Wohnung sind Themen, die die Kinder sehr beschäftigen und immer wieder in Gesprächsrunden oder kurzen Unterredungen besprochen werden wollen.

---

26 Ebd. S. 22.

27 Bildungsportal des Ministeriums für Schule und Weiterbildung des Landes Nordrhein-Westfalen. https://www.schulministerium.nrw.de/docs/Schulsystem/Integration/Gefluechtete/FAQ-03/index.html (letzter Zugriff am 15. 10. 2016).

28 Vgl. z. B. http://www.dortmund.de/de/leben_in_dortmund/internationales/miado/startseite_miado/ (letzter Zugriff am 15. 10. 2016).

Bevor die Kinder jedoch in der Schule ankommen, dauert es, und nicht selten vergehen zwischen Ankunft in der jeweiligen Gemeinde und erstem Schultag drei Monate und mehr.
Jedes Kind in Deutschland muss sich, wenn es eine Schule besuchen möchte, einer schulärztlichen Untersuchung unterziehen. Dies gilt sowohl für die Erstklässler der Regelklassen als auch für alle Kinder der Seiteneinsteigerklassen.

> *„Die schulärztliche Untersuchung der Seiteneinsteigenden orientiert sich an einem landesweit abgestimmten Verfahren und umfasst folgende Punkte: Sehtest, Hörtest, Untersuchung des Stütz- und Bewegungsapparates, der inneren Organe (Lunge), Untersuchung auf schulrelevante chronische, übertragbare und allergische Erkrankungen, Untersuchung des Entwicklungsstandes und der seelischen Gesundheit. Behinderungen werden unter Berücksichtigung der Schulrelevanz untersucht. Daneben erfolgt regelmäßig eine Überprüfung des Impfstatus. Für alle Seiteneinsteigenden wird ein schulärztliches Gutachten erstellt."*[29]

Die jeweiligen Gesundheitsämter und schulärztlichen Dienste führen diese Untersuchungen durch.
Außerdem erhalten die Familien vom Kommunalen Integrationszentrum eine Einladung zum Gespräch. Bei diesem Treffen wird mittels kleiner Tests, eventuell vorliegender Zeugnisse und der Befragung von Eltern und Kindern geklärt, welche Schulerfahrungen die Kinder bereits haben, ob es Besonderheiten gibt und an welche Schulen die Kinder geschickt werden können.

29 Bildungsportal des Ministeriums für Schule und Weiterbildung des Landes Nordrhein-Westfalen. https://www.schulministerium.nrw.de/docs/Recht/Schulgesundheitsrecht/Schuleingangsuntersuchung/index.html (letzter Zugriff am 15.10.2016).

Diese Information erhalten dann auch die zugewiesenen Schulen, an denen die Kommunalen Integrationszentren die neuen Schüler zumeist per Telefon kurzfristig für die Willkommensklasse anmelden.

1.5 Wie richte ich den Klassenraum ein?

Ähnlich wie bei normalen Regelklassen gibt es auch für Seiteneinsteigerklassen nicht „den einen Klassenraum". So werden wir an dieser Stelle auch keine Hinweise geben, wie welche Stühle und Tische zu stehen haben, denn das ergibt sich am sinnvollsten aus der Zusammensetzung der Klasse, den räumlichen Gegebenheiten der Schule und den eigenen individuellen Vorlieben der Lehrkraft. Dennoch lässt sich der kleine Tipp geben, immer ein oder zwei zusätzliche Arbeitsplätze bereit zu haben, denn nicht selten steht am kommenden Tag ein neues Kind vor der Tür und möchte Teil der Klasse werden. Stetiges Umräumen und Schleppen lässt sich so etwas vermeiden und entspannter gestalten.
Selbstverständlich bedeuten Neuzugänge immer wieder Veränderungen in der Klasse. So ist es beispielsweise sinnvoll, das neue Kind neben ein Kind zu setzen, das die Muttersprache des Kindes versteht und ihm so das Ankommen erleichtert. Dieses „Patenkind" kann möglicherweise bereits vor Ankunft des Neulings ausgewählt werden, und der Lehrer bespricht zuvor mit ihm, was dem Neuzuwachs alles gezeigt oder erklärt werden muss. Auch können die Paten das Kind mit in die Pause nehmen und ihm Toiletten, Lehrerzimmer und andere wichtige Räume zeigen.

Neben diesen allgemeinen Überlegungen gibt es ergänzend einige Dinge, die wir für den Klassenraum einer Seiteneinsteigerklasse für empfehlenswert halten:

Beschriften von Gegenständen

So ist es sinnvoll, viele Gegenstände im Raum zu beschriften, denn dadurch prägen sich Begriff und Schriftbild ein und es geschieht ein unbewusstes Sprachenlernen.

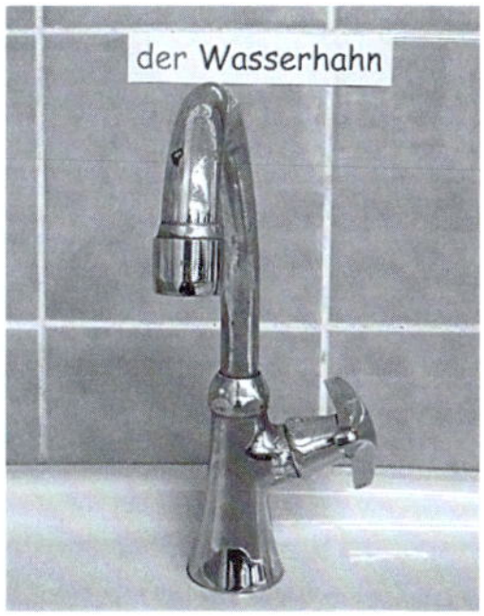

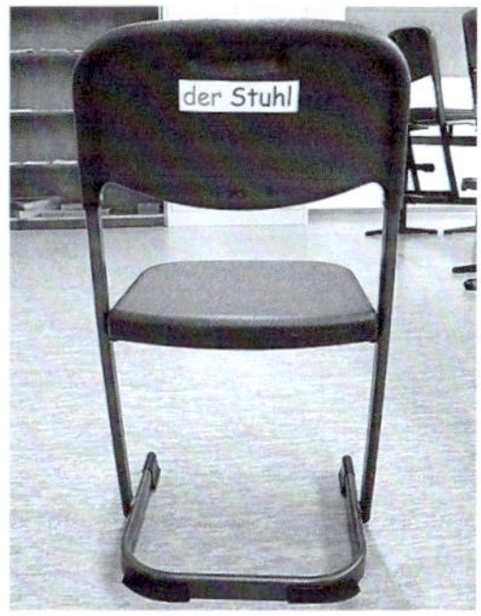

Die Erfahrung zeigt, dass die Kinder große Freude daran haben, bei dieser Beschriftung zu helfen. So kann aus dem unbewussten Vokabeltraining zuvor ein kleines Spiel entstehen.

Die Beschriftung sollte neben dem Nomen auch den passenden Artikel umfassen. Ohne Zusammenhang mit dem jeweiligen Nomen lassen sich Artikel nur schwer lernen, denn es gibt tatsächlich für jede Regel auch mindestens einen Ausnahmefall.

Beispiel:

Die *meisten* Nomen mit der Endung *e* haben den Artikel *die:*
die Pflanze, die Raupe, die Lampe

Ausnahmen:

der Junge, der Hase, der Friede

Hilfreich ist es auch, die Artikel farblich zu kennzeichnen:

der = blau
die = rot
das = grün
die (viele) = gelb

Viele Lehrwerke arbeiten mit derselben Technik und so wird den Kindern das Lernen erleichtert.

Datums- und Wetterecke

Zum Erwerb der sehr abstrakten Begriffe der Wochen- und Monatsnamen, des Datums und des Wetters motiviert eine Datumsecke, in der täglich Datum und Wochentag durch den jeweiligen Datumsdienst geändert werden und die tägliche Wetterlage mit allen besprochen wird.

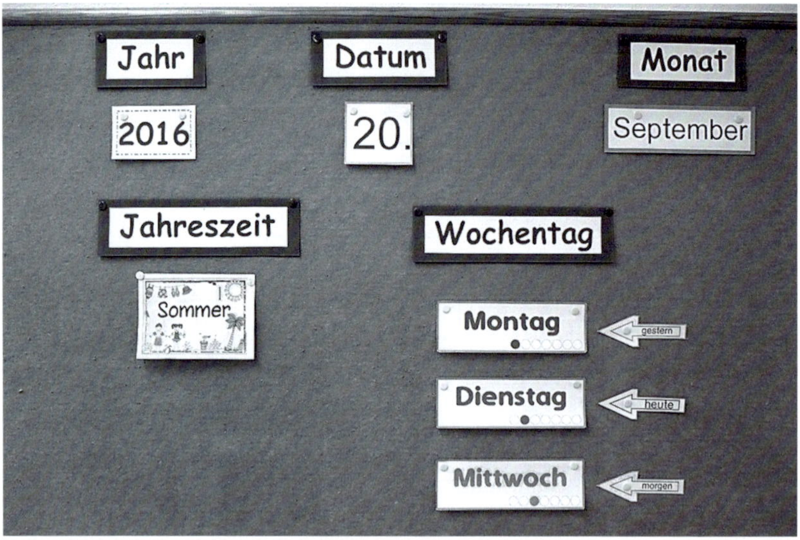

Durch die Besprechung im Sitzkreis lassen sich feste Satzstrukturen installieren wie etwa:

Heute ist …

Gestern war …

Morgen ist …

Es ist …

Wir haben heute den …

Häufig sind diese täglich vorkommenden Sätze auch die Sätze, die sich die Kinder als Erstes zu sprechen trauen.

Tagesplan

Ein jeden Tag wiederkehrendes Ritual ist die Besprechung des Tagesplanes, der für alle Kinder sichtbar in einer Ecke des Klassenraumes aufgehangen sein sollte. Die Schülerinnen und Schüler können mit Ihrer Unterstützung schnell die Aufgabe übernehmen, den Tagesplan täglich zu stecken.

Auch hier gilt es, bei der Besprechung des Planes auf ganze Sätze zu achten, denn nicht selten antworten auch Kinder mit Deutsch als Muttersprache auf die Frage: *„Was machen wir heute alles?"* schnell mit *„Deutsch, Mathe, Sport und Musik!"*.

Die ritualisierte Besprechung des Tagesplans und des Datums gibt den Kindern viel Sicherheit und verdeutlicht ihnen sinnvoll, dass der Unterricht jetzt startet.

Anlauttabelle

Auch hilft es den Kindern – egal welchen Alters –, wenn eine Anlauttabelle, ein Anlautposter oder die einzelnen Buchstaben mit passenden Bildern im Klassenraum hängen und sie so immer wieder die Möglichkeit haben zu überlegen, wie das Wort klingt und welche Buchstaben dafür im Deutschen genutzt werden. Hilfreich sind hierfür auch zusätzlich die Lautgebärden der jeweiligen Buchstaben, die verdeutlichen, dass zwischen *e* und *i* doch Unterschiede herrschen.[30] Es gibt im Arabischen beispielweise nur die Vokale [a], [i], [u].[31] Diese Tatsache macht es den Arabisch sprechenden Kinder häufig schwer, den Unterschied zwischen *i* und *e* zu hören. *Liegen* und *legen* werden dann ganz schnell als gleiche Wörter angesehen.

Im Internet und bei verschiedenen Verlagen gibt es bereits Anlauttabellen, die extra für Seiteneinsteigerklassen konzipiert wurden. Häufig gibt

---

30 Vgl. ABC der Tiere 1 – Handbuch Teil A. Lautgebärden als Gebärdenkarten. Mildenberger Verlag: Offenburg 2010.

31 Vgl. Krifka, Manfred u. a. (Hrsg.): Das mehrsprachige Klassenzimmer. Über die Muttersprachen unserer Schüler. Springer VS: Heidelberg 2014, S. 144.

es hierzu auch Lieder, die mit großer Begeisterung von allen gesungen werden und so spielerisch die Laute der neuen Sprache vermitteln. Eine Anlauttabelle lässt sich mit entsprechenden Zeichnungen auch leicht selbst herstellen (s. Abb.).

Wortspeicher

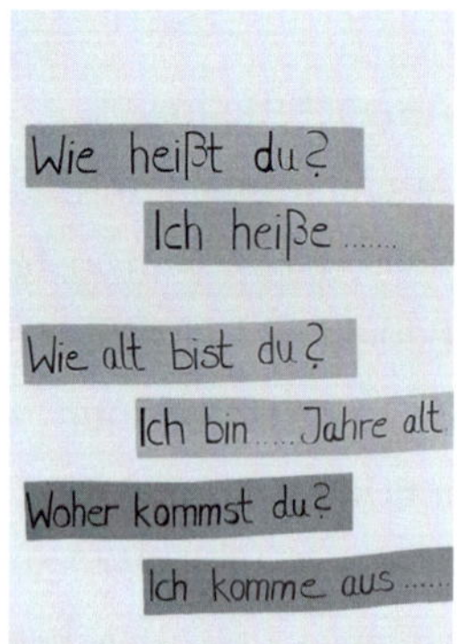

In unseren Klassenräumen hängen häufig Plakate mit Wortspeichern, auf denen thematisch gruppiert nicht nur die Wörter, sondern auch die passenden Bilder zu sehen sind. Diese helfen den Kindern enorm, sich die jeweiligen Vokabeln zu einem Thema zu merken. Auch Satzstreifen mit Frage- und Antwortmustern heften wir an die Wand.

Matheecke

Des Weiteren empfiehlt es sich, eine Matheecke oder -wand einzurichten, wo mathematische Phänomene, Begriffe und Regeln festgehalten werden. Dieser Mathespeicher umfasst häufig Wissen von der ersten bis zur vierten Klasse, denn nicht selten wird genau dieses Spektrum an Wissen innerhalb einer Seiteneinsteigerklasse vermittelt. Gleichzeitig dient diese Wand auch der Sprachbildung, denn auch mathematische Begriffe sind wichtige Instrumente, um in der deutschen Bildungssprache anzukommen.

Freiarbeitsmaterial

Aufgrund der Heterogenität der Seiteneinsteigerklassen ist es ratsam, sich nach und nach eine gewisse Menge an Freiarbeitsmaterial anzuschaffen, das einem die Möglichkeit gibt, die Kinder Phänomene der deutschen Sprache entdecken zu lassen und bereits bekanntes Wissen zu festigen. Hierzu gibt es bei den verschiedenen Verlagen und im Internet mittlerweile einen großen Fundus an Material. Nicht selten nutzen wir Fördermaterialien, die so auch im ganz normalen Regelunterricht zum Einsatz kommen und in der Schule bereits vorhanden sind.

1.6 Wie können Dolmetscher und die Elternarbeit organisiert werden?

Der Großteil der Eltern spricht, ähnlich wie ihre Kinder, zunächst nur wenig bis gar kein Deutsch und die Kommunikation ist somit durchaus erschwert. Viele Gespräche laufen im normalen Alltag mithilfe von Gesten ab und zumeist sind andere Kinder, die bereits Deutsch sprechen, gute Übersetzer.

Auch sind bebilderte Elternbriefe eine hilfreiche Unterstützung, um etwa auf Ferienzeiten, Ausflüge oder sonstige Schulaktionen hinzuweisen.

Liebe Eltern,
endlich ist es wieder so weit: Die Willkommensklasse lädt alle Eltern und Geschwister zum gemeinsamen Frühstück in die …-Schule ein!

Es findet von ___ Uhr bis ___ Uhr statt. Für Kaffee und Tee ist gesorgt.
Jedes Kind bringt etwas zu Essen mit.
Bitte schauen Sie auf den Zettel in der Schultasche Ihres Kindes, was es mitbringen soll.
Bitte bringen Sie auch folgende Sachen mit:

einen Teller eine Gabel ein Messer

Wenn Sie Fragen haben, dann besuchen Sie mich nach Unterrichtsschluss.

Viele Grüße,
Ich freue mich auf Sie!

Beispiel für einen bebilderten Elternbrief

Außerdem können Kollegen mit Fremdsprachenkenntnissen, Schulsozialarbeiter, Eltern aus den Regelklassen oder dem Elterncafé sowie Stadtteileltern häufig eine große Hilfe sein. Zusätzlich lassen sich im Internet verschiedene Übersetzungsmaschinen finden, die zwar nicht eins zu eins Texte übersetzen, aber schon den ungefähren Inhalt wiedergeben und so die Möglichkeit bieten, Briefe in den Muttersprachen herauszugeben.
Die Eltern zeigen häufig großes Interesse an den schulischen Erfolgen ihrer Kinder, denn die Schülerinnen und Schüler sind diejenigen, die als Erste innerhalb der Familien und zumeist auch am schnellsten die neue Sprache lernen. Hierin liegt die Chance auf Kommunikation, aber häufig entsteht leider auch ein großer Druck, der auf den Kindern lastet.

Es gibt Gelegenheiten, wie etwa Elternsprechtage, Übergangsgespräche oder auftretende Probleme, bei denen die Hilfe eines Dolmetschers benötigt wird. Auf Nachfrage kann man über die meisten Kommunalen Integrationszentren, die Schulämter oder verschiedene Bildungsstätten Dolmetscher bekommen. Doch zeigt die Erfahrung, dass dies immer frühzeitig angemeldet werden muss und häufig auch Geld kostet.
Daneben gibt es in Asylbewerberheimen häufig engagierte Sozialarbeiter, die Kontakte zu Dolmetschern herstellen können. Auch haben viele Kirchengemeinden und karitative Einrichtungen mittlerweile Übersetzer, die einem auch bei schulischen Angelegenheiten gerne zur Seite stehen. Es lohnt sich außerdem, in der Elternschaft der Schule nachzufragen, wer vielleicht als Übersetzer fungieren könnte und möchte.
Wie schon erwähnt, stehen Dolmetscher nicht ständig zur Verfügung, und so ist ihre Anwesenheit immer eine Chance, die genutzt werden kann, um Einblick in eine Familie zu erhalten, verschiedene Belange zu klären und die Kinder in ihrer häufigen Rolle als Übersetzer zu entlasten. Auch können die Dolmetscher über die Heimatkultur der Kinder informieren, wodurch viele Probleme geklärt und Verhaltensweisen verständlich gemacht werden können.

1.7 Wie kann die Teamarbeit in der Willkommensklasse funktionieren?

Auch wenn man zunächst das Gefühl haben mag, mit seiner Seiteneinsteigerklasse allein dazustehen, ist das mit Sicherheit nicht der Fall. Die personelle Besetzung der Seiteneinsteigerklasse ist zwar an jeder Schule anders, dennoch gibt es viele Möglichkeiten, im Team zu arbeiten und sich Unterstützung zu holen.
Selbstverständlich ist es sinnvoll, so es denn in der Schule personell möglich ist, stundenweise in Doppelbesetzung zu arbeiten. Aber auch schon

die Unterstützung durch Jugendliche, die ein freiwilliges soziales Jahr absolvieren, ist häufig eine wirkliche Hilfe. Oft kann auch der Schulsozialarbeiter bei den verschiedenen Anträgen helfen, mit denen Eltern nicht selten vor der Klassentür stehen.

Eine Integration in den offenen Ganztag einer Schule ist sehr sinnvoll, da die Kinder hier von deutschsprachigen Mitschülern umgeben sind und so die neue Sprache noch schneller lernen. Außerdem erhalten die Schülerinnen und Schüler so einen geregelten, abwechslungsreichen Tagesablauf, der Langeweile im heimischen Alltag mindert. Die Kosten für den offenen Ganztag können mithilfe des schriftlichen Nachweises des Jobcenters oder Sozialamtes gedeckt werden, und so müssen die Kinder häufig nur einen Euro oder weniger pro Tag für eine warme Mahlzeit geben oder können Essen von zu Hause mitbringen.

Sollten an der Schule Lesehelferinnen und -helfer tätig sein, können diese in regelmäßigen Abständen mit den Schülerinnen und Schülern lesen oder auch mit neu angekommenen Kindern Vokabeln mittels Bildkarten üben.

Die regelmäßige Rücksprache mit allen Beteiligten gibt einem die Möglichkeit, sich ein umfassendes Bild von den Schülerinnen und Schülern zu machen.

In manchen Städten haben die Schulämter zusammen mit dem Kommunalen Integrationszentrum einen Arbeitskreis gebildet, der sich mit dem Thema Seiteneinsteigerklassen beschäftigt. Hier gibt es zumeist regen Austausch und Ideen zum Umgang mit den verschiedenen Problemen in den Klassen. Informationen hierzu können jederzeit beim zuständigen Schulamt erfragt werden.

1.8 Was passiert im Fall von Krankheit, Arztbesuchen und Nichterscheinen in der Schule?

Laut § 43 des Schulgesetztes NRW sind Schüler und Schülerinnen verpflichtet, am Schulunterricht teilzunehmen und bei Schulversäumnis von den Eltern schriftlich entschuldigt zu werden. Selbstverständlich gilt diese Regelung auch für die Schülerinnen und Schüler der Seiteneinsteigerklassen.

Und dennoch liegt hier ein ewiges Problem.

- *Wie soll man sein Kind krank melden, wenn man die Sprache nicht spricht?*
- *Warum muss man in Deutschland sein Kind überhaupt an der Schule krank melden?*
- *Was ist ein ärztliches Attest?*
- *Warum muss mein Kind regelmäßig in Deutschland zur Schule, wenn ich aus meinem Heimatland keine Schulpflicht kenne?*

Ein wirkliches Rezept für den Umgang mit diesen Fragen gibt es nicht. Entspannt bleiben hilft aber auf jeden Fall, will man die eigenen Nerven schonen.
Oft können die Mitschüler bereits Auskunft darüber geben, was das nicht anwesende Kind hat. So weiß die Lehrkraft zumindest, dass es ein Infekt, ein Amtstermin oder andere Dinge sind, die das Kind vom Schulbesuch abhalten, und sie kann gegebenenfalls darauf reagieren. Gerade in der heutigen Zeit, in der viele Kinder und Jugendliche auf der Flucht spurlos verschwunden sind oder ganze Familien aus Angst vor der Abschiebung untertauchen, ist dies sehr wichtig.
In regelmäßigen Gesprächen mit den Eltern wird außerdem immer wieder darauf hingewiesen, dass die Kinder am Unterricht teilnehmen müssen. Denn von Land zu Land und Kultur zu Kultur ist es unterschiedlich, wie viel Wert auf die Schulpflicht gelegt wird und ob es diese überhaupt gibt.

In diesen Gesprächen kann auch thematisiert werden, dass Amts- und Arzttermine, wie etwa die Kontrolle beim Zahnarzt, in den Nachmittagsbereich zu legen sind.
Sollte es dennoch Schwierigkeiten geben, wird an den meisten Schulen nach drei Fehltagen eine Mahnung an die Eltern herausgeschickt, die spätestens dann zu einer Reaktion führt, sei es in Form eines Attests oder indem das Kind wieder normal am Unterricht teilnimmt.
Viele Kommunale Integrationszentren und Schulämter möchten außerdem monatlich eine Übersicht über die Schulversäumnisse der Kinder und greifen bei zu häufigen Versäumnissen ein. Wer genau zuständig und wie genau das jeweilige Vorgehen ist, ist von Stadt zu Stadt unterschiedlich.

1.9 Wie gestaltet sich die Integration in eine Regelklasse?

Sobald die Kinder sich im deutschen Schulsystem eingefunden haben und sich verständigen können, ist es sinnvoll, sie für etwa zwei Stunden am Tag in den Regelunterricht einzugliedern. Dadurch erhalten sie ein zusätzliches Sprachbad und lernen ihre zukünftige Klasse schon einmal kennen. Wann dieser Zeitpunkt gekommen ist, entscheidet die Lehrkraft der Seiteneinsteigerklasse. Sie bespricht ihre Entscheidung mit der Schulleitung und der Klassenleitung der Regelklasse und teilt auch den Eltern die nächsten Schritte mit.
Selbstverständlich ist es nicht sinnvoll, die Kinder sofort für die Hauptfächer Deutsch und Mathe in die Regelklasse zu setzen, sondern hierfür eignet sich hervorragend der Sport-, Musik-, Kunst- oder Sachunterricht. Nichts ist kommunikativer, als ein anderes Kind nach einem Ball, einem Pinsel oder auch einem Musikinstrument fragen zu müssen.
Jede Schule muss ausprobieren, wie sie das Eingliedern in die Regelklassen am besten lösen kann; häufig ist auch ein längeres Ausprobieren

nötig, bis die passende Lösung gefunden worden ist. Aber eine Lösung, mit der alle Beteiligten zufrieden sind, lässt sich mit Sicherheit finden.
Die beiden Lehrkräfte sollten dabei enge Rücksprache halten und so dem Kind jegliche Unterstützung gewährleisten. Für die Kinder ist es schnell normal, sich in beiden Klassen heimisch zu fühlen, und sie sind häufig sehr stolz, bereits die Regelklasse besuchen zu dürfen.
Dieser langsame Übergang in die Regelklasse erleichtert den Kindern den Schritt in den normalen Regelunterricht, denn sobald das Kind so weit ist, dass es den kompletten Unterricht der Regelklasse besuchen kann, sollte dies auch ermöglicht werden.

1.10 Übergänge

Im Folgenden soll kurz dargestellt werden, wie die Übergänge gestaltet werden können. Dabei sind die Übergänge von der Willkommensklasse in die Regelklasse von den Übergängen zu anderen Schulen zu unterscheiden. Hierbei muss auch der Übergang von Grundschule zu Grundschule wie auch von Grundschule zu weiterführender Schule berücksichtigt werden.

Übergänge in die Regelklasse

Die Kinder besuchen die Willkommensklasse bis zu zwei Jahren. Bei positiver individueller Entwicklung kann der Wechsel in eine Regelklasse aber auch schon vorzeitig stattfinden bzw. ist dieser sogar erwünscht, um möglichst schnell eine Integration zu ermöglichen.
In Absprache mit der Klassenkonferenz über die individuellen Lernfortschritte des Kindes kann dann ein Wechsel in die Regelklasse vollzogen werden. Hierzu muss die Lehrkraft einen Übergangsbericht verfassen, der insbesondere auf das Arbeits- und Sozialverhalten sowie die Lernentwicklung des Kindes eingeht. Anschließend werden Kind und Eltern über den Beschluss der Klassenkonferenz informiert und der Übergangsbericht

wird ihnen erläutert. Zumeist sind alle Beteiligten sehr stolz, so einen großen Schritt geschafft zu haben.

Schulwechsel

- *Von Grundschule zu Grundschule*

  In diesem Falle ist ebenfalls ein Übergangsbericht anzufertigen, wie bereits oben beschrieben. So haben die Lehrkräfte der anderen Schule einen ersten Überblick über das Kind und den Lernstand, mit dem es in die neue Klasse kommt.

- *Von Grundschule zu weiterführender Schule*

  In dieser Situation muss die Lehrkraft zunächst auch einen Übergangsbericht mit Empfehlungsschreiben anfertigen. Zudem empfiehlt es sich, im Vorhinein mit den weiterführenden Schulen Absprachen zu treffen und erste Informationen einzuholen, ob es dort ebenfalls eine Willkommensklasse gibt oder die direkte Integration in eine Regelklasse erfolgt. So kann dann gegebenenfalls auch schon überlegt werden, ob das Kind im neuen Schuljahr weiterhin eine Willkommensklasse oder aber die Regelklasse besuchen soll. Auch kann den weiterführenden Schulen in diesem Rahmen beispielsweise mitgeteilt werden, dass das Kind der Willkommensklasse zur Anmeldung lediglich ein Berichtszeugnis mitbringen wird, da auf Notenzeugnisse noch verzichtet wird.

2 Die ersten Schritte in die Willkommensklasse

2.1 Ankunft in der Schule

Nun ist es so weit: Die Kinder sind in der Willkommensklasse angekommen und alle stehen gemeinsam am Anfang. Lehrer und Kinder sprechen verschiedene Sprachen und verstehen sich nur mittels Gesten und Mimik. Jetzt ist es wichtig, eine gemeinsame Basis zur Kommunikation zu finden und den Kindern Deutschkenntnisse zu vermitteln.

- *Doch wie soll die erste Stunde gestaltet werden?*
- *Wie kann ein schönes Ankommen vorbereitet werden?*
- *Wie wird ein Willkommensgefühl erzeugt?*

Zu Beginn sollte den Kindern die Möglichkeit gegeben werden, sich im Klassenraum zurechtzufinden. Die Kinder können sich die Bücher- oder die Freiarbeitsecke anschauen und gemeinsam spielen. Somit lernen sie sich gegenseitig kennen und merken schnell, dass sie nicht die Einzigen sind, die die deutsche Sprache noch nicht richtig beherrschen. Erste Freundschaften können sich so anbahnen und während die Kinder spielen, hat die Lehrkraft die Möglichkeit, sich mit einzelnen Kindern näher zu beschäftigen und, wenn die Möglichkeit gegeben ist, sie Hausschuhe und Tornister aussuchen lassen.

Woher bekomme ich denn nun Hausschuhe und Tornister?
Mögliche Ideen:

- *Bitten Sie vor Schuljahresende die vierten Klassen um eine „Tornisterspende". Die meisten bekommen einen neuen Rucksack für das fünfte Schuljahr und sind froh, ihren alten Tornister so einfach „entsorgen" zu können. Viele Eltern geben zusätzlich auch noch Sportbeutel, Etui usw. mit und finden es schön, helfen zu können.*

- *Am Schuljahresende bleiben zudem oftmals im Ganztag unter anderem viele Hausschuhe liegen, die auch nach mehrmaligem Fragen angeblich niemandem gehören. Diese können gesammelt werden.*
- *Karitative Vereine spenden häufig gerne für Kinder in ihrer Umgebung. Fragen Sie einfach mal nach!*

Vielleicht haben Sie aber auch selbst Ideen, wie und woher Sie solche nützlichen Spenden erhalten können.

Ein anschließender gemeinsamer Gang durch die Schule bietet die Möglichkeit zu klären, wo beispielsweise die Toiletten und das Lehrerzimmer sind. Danach wird der Schulhof mit seinen Grenzen entdeckt. Es ist wichtig, den Kindern zu verdeutlichen, dass sie den Schulhof nicht alleine verlassen dürfen.
„Bis hierhin darfst du gehen, nicht weiter!"
Das Wort *Stopp!* findet sich in fast jeder Sprache wieder und die Kinder verstehen schnell, was von ihnen verlangt wird. Ein anschließendes Spiel stärkt die Gemeinschaft und bietet eine ungezwungene Möglichkeit, den Schulhof weiter zu entdecken. Je nach Größe der Schule ist es zu Anfang empfehlenswert, die Pausenzeit außerhalb der regulären Pause zu legen, sodass sich die Kinder erst einmal an alles gewöhnen und sich zurechtfinden können. Nach einigen Tagen können sie dann gemeinsam mit allen anderen Kindern auf den Schulhof gehen.
In schon vorhandenen Willkommensklassen ist es schön und sinnvoll, wenn die neuen Kinder einen Partner erhalten, der die Klasse bereits länger besucht. Dieses Kind kann dem neuen Kind alles Wichtige zeigen und erklären.

2.2 Die ersten Unterrichtsstunden

Vor der ersten „richtigen" Unterrichtsstunde ist es empfehlenswert, sich eine Übersicht mit den Namen der Kinder, ihrem Alter und dem Jahrgang, dem sie vom Alter her zuzuordnen sind, zu erstellen. Zusätzlich hat es sich bewährt, eine weitere Spalte einzufügen, die den Jahrgang nach Leistungsstand erfasst. Nicht alle Kinder haben den Leistungsstand, der den Schülerinnen und Schülern ihres Jahrgangs in Deutschland entspricht. So kann es vorkommen, dass Kinder bereits in die dritte Klasse gehen müssten, jedoch noch im Zahlenraum bis 20 rechnen und wenig schreiben und lesen können. Diese Diskrepanz muss berücksichtigt werden.

Unser Vorschlag zur Feststellung des aktuellen Lernstandes der einzelnen Schülerinnen und Schüler sieht wie folgt aus:

Im Bereich Mathematik

1. Lernangebot – Zahlenraum bis 20:
   Hier finden die Kinder Arbeitsblätter im Zahlenraum bis 20: Plus- und Minusaufgaben mit und ohne Zehnerübergang, Umkehraufgaben, Zahlenmauern usw.
2. Lernangebot – Zahlenraum bis 100:
   Hier finden die Kinder Arbeitsblätter im Zahlenraum bis 100: Hunderttafel, Plus- und Minusaufgaben innerhalb eines Zehners / über einen Zehner hinaus, schriftliches Addieren und Subtrahieren, das Einmaleins.
3. Lernangebot – Zahlenraum bis 1 000:
   Hier finden die Kinder Arbeitsblätter im Zahlenraum bis 1 000.
4. Lernangebot – Zahlenraum bis 1 Million:
   Hier finden die Kinder Arbeitsblätter im Zahlenraum bis 1 Million.

5 Lernangebot – Wahrnehmung:
Hier finden die Kinder Arbeitsblätter zur Figur-Grund-Wahrnehmung, Wahrnehmung der Raumlage, Visuomotorischen Koordination, Wahrnehmung räumlicher Beziehungen, Wahrnehmungskonstanz, Vergleich von Anzahlen, Seriation sowie Zählen und Ziffern.

Im Bereich Deutsch

Da die meisten Kinder noch nicht über viele Deutschkenntnisse verfügen, können die Kinder zwischen folgenden Möglichkeiten wählen:

1 Das Nachschreiben von Buchstaben (A–Z) im Heft oder auf einem Arbeitsblatt mit Groß- und Kleinbuchstaben.
2 Etwas über sich in der eigenen Sprache schreiben.

Gerade der zweite Punkt bietet der Lehrkraft die Möglichkeit zu sehen, ob die Kinder sauber und leserlich schreiben, die Buchstaben richtig können und ob sie die lateinischen Buchstaben oder eine andere Schrift verwenden.

An allen Aufgaben können die Kinder anfangs frei arbeiten und die Lehrkraft bekommt so die Möglichkeit, sich einen Überblick über ihren bisherigen Leistungsstand zu verschaffen. Somit erhält sie zumindest einen ersten Eindruck von den bisherigen Lernständen der jeweiligen Kinder.

3 Ideen zur Umsetzung von Regeln und Ritualen in der Willkommensklasse

Begrüßung

Um der Klasse einen gemeinsamen Start in den Schultag zu ermöglichen, ist es sehr empfehlenswert, die erste Stunde des Tages im Sitzkreis zu beginnen. So ist dies immer der zentrale Treffpunkt am Morgen. Ein gemeinsames Begrüßungslied empfiehlt sich hier besonders, da die Kinder so aktiv starten können. Unserer Erfahrung nach hat sich neben vielen anderen bekannten Begrüßungsliedern das Lied *„Hey, hello, bonjour, guten Tag“*[32] bewährt. Es motiviert die Kinder erheblich. Das Lied wird anfangs gemeinsam auf Deutsch gesungen, im Anschluss daran haben dann alle die Gelegenheit, sich weitere Sprachen zu wünschen, auf denen dann die Begrüßung erneut gesungen werden soll. So wird der Vielsprachigkeit in der Klasse Raum zur Entfaltung gegeben und das Gefühl des Angenommenseins vermittelt.

Anwesenheit

Im Anschluss an das Begrüßungsritual ist es möglich, jeden Tag mit der Frage: *„Wie viele Kinder sind heute da?“* zu eröffnen. Die Lehrkraft startet dann selbst mit der Zahl Null und fordert die Kinder auf, im Kreis durchzuzählen. Sind alle Kinder gezählt, wird rückwärts nachgezählt. So lernen die Kinder, die Zahlenreihenfolge der ersten Zahlen auf Deutsch zu sprechen, und jedes Kind muss aufpassen, wann es an der Reihe ist.

Ein anschließender weiterer Impuls wäre die Klärung der Frage: *„Wer fehlt heute?“*. Die Kinder sollen dabei darauf achten, sich zu melden, wenn sie die fehlenden Mitschüler benennen, die dann von der Lehrperson in der Anwesenheitsliste festgehalten werden. Abschließend nennt die Lehrkraft die Anzahl die fehlenden Kinder: *„... Kinder fehlen heute.“*

32 Horn, Reinhard/Mölders, Rita/Schröder, Dorothe (Hrsg.): KlassenHits. 143 Lieder rund um die Schule. 4 Audio-CDs. In Kooperation mit dem VBE Verlag NRW. Kontakte Musikverlag: Lippstadt 2013.

Durch die täglich wiederkehrenden Satzstrukturen erhalten die Kinder Sicherheit im Alltag und im Verständnis der Aufgaben.

Pantomime

Die Pantomime kann ein tägliches Ritual sein. Sie eignet sich hervorragend dazu, den Kindern Verben näherzubringen. Ein Kind darf ein Verb darstellen, welches die anderen Kinder erraten müssen. Zur Differenzierung wird dieses gemeinsam gesprochen, geklatscht und schriftlich an der Tafel fixiert. Für stärkere Kinder bietet sich zudem die Gelegenheit, das Verb an der Tafel zu konjugieren und im Anschluss zu lesen und chorisch zu sprechen.

Sitzkreissituationen

Im Sitzkreis können immer Gesprächsanlässe initiiert werden.
Beispiel: *„Wie geht es dir heute?“*
Die Kinder antworten dann immer mit demselben Satzmuster, wie etwa: *„Heute geht es mir …“*, und stellen im Anschluss die Frage an das nächste Kind. So wird die Fragestruktur mehrfach im Kreis gehört und jedes Kind muss die Muster selbst einmal sprechen. Durch das permanente Hören prägt sich die Satzstruktur immer besser ein und alle sind aktiv mit eingebunden.

Abschlussrunde

In einer täglichen Abschlussrunde können die Kinder am Ende des Schultages erzählen, woran sie heute gearbeitet haben. Dies verdeutlicht den Schülern und Schülerinnen gleichzeitig, was sie alles geschafft haben, denn nicht selten haben die Kinder den Eindruck, zu wenig zu schaffen.

Neben diesen den Tagesablauf betreffenden Ritualen empfiehlt es sich sehr, eine Übersichtliste mit den Namen der Kinder zu erstellen, die jeweils für bestimmte Aufgaben eingeteilt sind. So ist jedes Kind der Reihenfolge nach für jeden Dienst einmal zuständig. Im Folgenden werden einige Dienste näher erläutert:

Kalender

Der Kalender wird der Klasse von dem zuständigen Kind vorgestellt. Dabei spricht es im ganzen Satz den Wochentag, das Datum und die Jahreszeit vor. Im Anschluss wird bis drei gezählt und die gesamte Klasse spricht das Datum chorisch mit.
Beispiel: *„Heute ist Freitag, der 23. September 2016, und wir haben Herbst."*
Es gibt verschiedene Möglichkeiten, einen solchen Kalender im Klassenraum zu installieren. Ideen hierfür finden sich bei den unterschiedlichen Verlagen und im Internet.

Tagesverlauf

Die Kinder entnehmen den Piktogrammen des Tagesplans den Ablauf ihres Schultages. Dies gibt ihnen Transparenz über den Verlauf des geplanten Tages. Eine weitere Möglichkeit ist es, den Kindern mithilfe eines zusätzlichen Piktogrammes zu verdeutlichen, wann sie im Tagesverlauf am Unterricht ihrer Regelklasse teilnehmen. So können sie individuell ersehen, wann sie die Willkommensklasse zeitweise verlassen müssen.

Wetter

Es gibt ebenfalls jeden Tag ein Kind, das die aktuelle Wettersituation benennt. Dazu nutzt es das in der Klasse vorhandene Wetterthermometer (siehe Kapitel 1.5). Es steckt Wäscheklammern an die passenden Bilder zur Wetterlage und antwortet dann auf die Frage der Lehrkraft: *„Wie ist das Wetter heute?"* im ganzen Satz mit: *„Heute ist es …"* Die anderen Kinder haben die Chance, sich zu beteiligen, wenn sie mit der Einschätzung des Kindes nicht einverstanden sind, indem sie sich melden. Das Wetterkind wird dann für kurze Zeit zum Moderator und kann die anderen Kinder einbeziehen, indem es fragt: *„Was meinst du?"* Es können dann noch Veränderungen durchgeführt werden, sodass am Ende alle Kinder der Klasse einverstanden sind. Im Laufe des Schultages gehen die Kinder gerne immer wieder an das Thermometer und passen es der aktuellen Wetterlage an. So werden die Kinder auch für ihre Umwelt sensibilisiert.

4 Mögliche Themenbereiche – Unterrichtsideen

Die nachfolgenden Themenbereiche beinhalten Elemente aus den Lehrplänen Deutsch, Sachunterricht und Englisch.
Gerade der Fremdsprachenunterricht, wie es der Englischunterricht ist, zielt ab auf den Erwerb grundlegender elementarer sprachlicher Mittel sowie konkreter kommunikativer Fähigkeiten und Fertigkeiten, die die Schülerinnen und Schüler in konkreten Situationen erproben und festigen können.[33] Der Lehrplan Englisch ist somit hilfreich, da seine Inhalte zum Deutschlernen genutzt werden können, um den Kindern einen ersten Zugang zum alltäglichen Sprachgebrauch zu ermöglichen und um sie handlungsfähig zu machen. Die Interessen der Kinder werden vor allem durch handlungs- und produktionsorientierten Unterricht angesprochen und die neue Sprache wird auf diese Weise spielend erlernt.

33 http://www.schulentwicklung.nrw.de/lehrplaene/lehrplannavigator-grundschule/englisch/lehrplan-englisch/aufgaben-ziele/aufgaben-und-ziele.html (letzter Zugriff am 15.10.2016).

Das bin ich

Ziel

Die Schülerinnen und Schüler lernen, sich mit ihrem Namen, Alter, Herkunftsland/-ort und ihrer Sprache vorzustellen.

Handreichungen

Fragemuster: „Wie heißt du?"

Satzstrukturen: „Ich heiße ..."

„Ich komme aus ..."

„Ich bin ... Jahre alt."

„Ich spreche ..."

Durchführung

Im Sitzkreis wird mit einem Ball o. Ä., der zum Erzählen dient, eine Gesprächsrunde eröffnet. Die Lehrkraft beginnt mit der eigenen Vorstellung (*„Ich heiße Frau/Herr ... Ich komme aus ... Ich bin ... Jahre alt. Ich spreche ..."*). Danach gibt die Lehrkraft den Ball an das benachbarte Kind weiter und fordert es zur Antwort auf. Nach der Vorstellung des Kindes stellt dieses wiederum dem nächsten Kind die Frage. Der Vorgang wird so lange wiederholt, bis der Ball wieder bei der Lehrkraft ankommt.

Durch die ständigen Wiederholungen der gleichen Satzstrukturen prägen sich die Kinder das Muster durch das Hören ein. Zudem eignet sich diese Methode besonders, alle Kinder aktiv in die Unterrichtshandlungen einzubeziehen und auch selbst zur Verbalisierung kommen zu lassen.

Natürlich kann dieses Gespräch auch schrittweise aufgebaut werden, indem immer einzelne Sequenzen erfragt und im Abschluss als Einheit erzählt werden.

Zur Verdeutlichung des Herkunftslandes eignet es sich sehr, eine Europa- bzw. Weltkarte in der Klasse aufzuhängen, sodass die Kinder zeigen können, wo sie zuvor gelebt haben. Die Kinder erhalten hierfür auch einen eigenen Magneten mit Namen, mit dem sie ihren Herkunftsort für alle anderen sichtbar machen können. So ergibt sich zugleich auch eine gute Übersicht über alle Nationalitäten, die derzeit zusammen in einem Klassenraum lernen.

Können sich die Kinder alle selbst vorstellen, so halten sie ihre persönlichen Daten auf einem Kärtchen fest (Name, Alter, Herkunftsland, Sprache). Ergänzt wird die Karte durch ein Foto der Schülerin oder des Schülers sowie durch die Flagge des Herkunftslandes. Die gesamten Karten von allen Schülerinnen und Schülern können dann in einem Fotovorhang präsentiert werden und bilden eine kurze Vorstellung der Lerngruppe.

Das Wetter

Ziel

Die Schülerinnen und Schüler werden für die aktuelle Wetterlage sensibilisiert und können kurze Aussagen darüber treffen.

Handreichungen

Lernwörter: Wetter, Sonne, Wolken, Regen, Sturm, Schnee, Wind, regnerisch, wolkig, leicht bewölkt, sonnig, bitterkalt, kalt, kühl, warm, heiß, sehr heiß

Fragemuster: „Wie ist das Wetter heute?"

Satzmuster: „Heute ist es …"

Durchführung

Die Wetterlage kann in jedem Morgenkreis thematisiert werden. Dazu wird jeden Tag ein anderes Kind bestimmt, das die Wetterlage einzuschätzen und am Klassenthermometer zu visualisieren und im Anschluss zu verbalisieren hat. Wenn es organisatorisch einzurichten ist, kann neben der normalen Wetterbeschaffenheit auch noch die Temperatur bestimmt werden.

Die Kinder entwickeln ein immer besseres Gefühl für die Wetterlage und achten bewusster schon bei Ankunft in der Schule darauf. So wird auch immer wieder im Tagesverlauf von einigen Kindern das Thermometer verändert, je nach aktueller Wetterlage und ohne Hinweis der Lehrkraft!

Musikalisch kann die Wetterlage mit dem Volkslied *„Kleine Igel schlafen gerne"*[34] eingebunden werden.

34 http://kraeuterfraala.blogspot.nl/2011/10/kleine-igel-schlafen-gern.html (letzter Zugriff am 15.10.2016).

Die Jahreszeiten

Ziel

Die Schülerinnen und Schüler lernen die Jahreszeiten und für bestimmte Jahreszeiten typische Ereignisse kennen. Sie lernen die Monatsnamen sowie die Anzahl der Tage einzelner Monate kennen.

Handreichungen

Lernwörter: Jahr, Jahreszeiten, Monate, Tage, Frühling, Sommer, Herbst, Winter, Januar, Februar, März, April, Mai, Juni, Juli, August, September, Oktober, November, Dezember, Geburtstag

Fragemuster: „Welchen Monat/Tag haben wir jetzt/heute?"
„Wann hast du Geburtstag?"

Satzmuster: „Mein Geburtstag ist am …"
„Jetzt ist …"
„Es gibt … Monate/Jahreszeiten/Tage."

Durchführung

Bei Berichten unmittelbar nach den Weihnachtsferien kommen die wenigsten Lehrkräfte an den Begriffen *Rakete* und *Silvester* vorbei. Die Kinder erzählen von ihren Silvestererlebnissen, was als ein guter Anlass für die Thematisierung des Kalenderjahres aufgegriffen werden kann. So sollten zunächst die Jahreszeiten besprochen und Ideen zu den Jahreszeiten festgehalten werden. Dazu kann auch ein Thementisch erstellt werden und eine Jahresuhr sollte darauf nicht fehlen!

Das Lied *„Die Jahresuhr"* von Rolf Zuckowski[35] wird dabei immer wieder gerne von allen Schülern gesungen. Die Kinder können es sich schnell merken und der Ablauf des Jahres mit seinen Monaten wird dabei verinnerlicht. Die Erstellung einer eigenen persönlichen Jahresuhr kann im Kunstunterricht stattfinden und für den Musikunterricht genutzt werden.

35 Zuckowski, Rolf: Feste feiern rund um die Jahresuhr. Audio-CD: Mit 16 Gute-Laune-Liedern für alle Jahreszeiten, Ökotopia Verlag: Aachen 2005.
Songtext: http://www.songtexte.com/songtext/rolf-zuckowski/die-jahresuhr-63c2068b.html (letzter Zugriff am 15.10.2016).
Melodie: https://www.youtube.com/watch?v=AJuZBsZ1v0Y (letzter Zugriff am 15.10.2016).

Die Wochentage

Ziel

Die Schülerinnen und Schüler lernen in einer sprachfördernden Unterrichtsreihe anhand der Geschichte *„Die kleine Raupe Nimmersatt"* von Eric Carle[36] die Wochentage, Zahlwörter, Obstsorten und das Naturphänomen der Verwandlung der Raupe zum Schmetterling kennen.

Handreichungen

Lernwörter: Raupe, Schmetterling, Mondschein, Sonne, Blatt, Ei, Futter, Obst, Apfel, Birne, Orange, Erdbeere, Pflaume, dick, groß, Kokon, Montag, Dienstag, Mittwoch, Donnerstag, Freitag, Samstag, Sonntag, Süßigkeiten, Schokoladenkuchen, Eiswaffel, Gurke, Käse, Wurst, Würstchen, Melone, Lolli, Törtchen

Fragemuster: „Was frisst die Raupe am …?"

Satzmuster: „Am … fraß sie sich durch…, aber satt war sie noch immer nicht."
„Die Raupe …"

Durchführung

Die Schülerinnen und Schüler hören zunächst die Geschichte der kleinen Raupe Nimmersatt. Durch die immer wiederkehrenden gleichen Satzstrukturen und generativen Veränderungen prägen sich die Kinder die sprachlichen Muster schnell ein und es gelingt ihnen, die Geschichte der kleinen Raupe nachzuerzählen.

36 Carle, Eric: Die kleine Raupe Nimmersatt, Gerstenberg Verlag: Hildesheim 2009. Video: https://www.youtube.com/watch?v=nSqp9GbFNmo (letzter Zugriff am 15. 10. 2016).

Dazu bietet es sich an, die Geschichte nach dem Hören mit der dazugehörigen DVD noch einmal zu visualisieren.

Eine anregungsreiche Lernumgebung, die den Kindern Wort-Bild-Karten mit den Wochentagen, Obstsorten und sonstigen Lebensmitteln zur Verbalisierung und Darstellung zur Verfügung stellt, gibt Sicherheit und dient der Selbstvergewisserung bei mündlichen Beiträgen. Zudem hilft sie den Schülerinnen und Schülern, die Geschichte in einer chronologischen Reihenfolge zu erzählen und nachzuvollziehen. Auch ein Arbeitsblatt mit selbst gemalten Bildern kann den Kindern als Erzählgrundlage dienen.
Die Schülerinnen und Schüler fertigen im Laufe der Reihe eine eigene Mappe zum Thema an, in der sie ihre Ergebnisse festhalten können.

Farben

Ziel

Die Schülerinnen und Schüler lernen anhand des Buches *„Elmar“* von David McKee[37] die Farben kennen und entwickeln ein erstes Verständnis für die Benennung von Mustern.

Handreichungen

Lernwörter: Elefant, Rüssel, Schwanz, kariert, bunt, Farbe, grau, braun, orange, türkis, rosa, lila, schwarz, rot, grün, gelb, weiß, blau

Fragemuster: „Welche Farbe ist das?“
„Welche Farbe hat …?“
„Was ist deine Lieblingsfarbe?“

Satzmuster: „Das … ist …“
„Meine Lieblingsfarbe ist …“

Durchführung

Die Schülerinnen und Schüler bekommen die Geschichte von Elmar, dem bunten Elefanten, erzählt. Die Geschichte wird von der Lehrkraft grafisch veranschaulicht, sodass die Kinder direkt nach dem ersten Erzählen eine Vorstellung von der Geschichte haben.

37 McKee, David: Elmar. Thienemann-Esslinger Verlag: Stuttgart 1988.

Zunächst sollen dann von den Kindern die Farben erlernt werden, die Elmar trägt. Ergänzend dazu erlernen sie auch die Farbe, die „normale" Elefanten tragen, nämlich Grau. Parallel dazu lässt sich auch der Körperbau des Elefanten thematisieren und Lernwörter wie *Rüssel* oder *Schwanz* in den Wortschatz integrieren.

Mit einfachen Handlungsanweisungen wie *„Zeige mir …"* oder *„Welche Farbe fehlt?"* können die Kinder spielerisch die Namen der Farben und die eindeutige Zuordnung erlernen.

Zur Sicherung der Lerninhalte erhält jedes Kind ein Elmar-Heft[38], in dem es die Farben und Muster festhalten wie auch erste einfache Abschreibübungen vollziehen kann und durch das Lesen der vorgegebenen Sätze weitere Informationen zum Leben der Elefanten erhält.

38 Arndt, Ursula: Literaturwerkstatt „Elmar". Verlag an der Ruhr: Mülheim an der Ruhr 2001.

Feste feiern

Ziel

Die Schülerinnen und Schüler lernen bestimmte Bräuche und Feste kennen und feiern diese gemeinsam. Dazu zählen sowohl der Geburtstag jedes einzelnen Kindes als auch an den Jahreskreis gebundene und kulturell wertgeschätzte Feste wie Karneval, Sankt Martin, Nikolaus oder Weihnachten.

Handreichungen – Geburtstag

Lernwörter: Geburtstag, Karte, Geschenk, Jahre, Stuhl, hochleben
Fragemuster: „Wann hast du Geburtstag?"
Satzmuster: „Mein Geburtstag ist am ..."

Durchführung

Selbstverständlich hat jede Klasse ihre eigenen Rituale, wenn es darum geht, Feste zu feiern. Dennoch sollte und muss jedes Kind gebührend an seinem Geburtstag gefeiert werden. Damit dies gelingt, können beispielsweise alle Kinder gemeinsam ein Geburtstagslied für das Kind singen. Die Lehrkraft sorgt dabei für eine angenehme Atmosphäre und widmet dem Kind die Geburtstagskerze. Das Geburtstagskind darf sich natürlich auch ein Geschenk aus der Geburtstagskiste aussuchen. Es ist häufig auch empfehlenswert, als Lehrkraft ein paar Süßigkeiten bereitzuhalten, da viele Kinder selbst keine Aufmerksamkeiten mitbringen können oder erst gar nicht den Tag zelebrieren. Als kleine Anerkennung der Klasse erhält das Geburtstagskind zusätzlich eine kleine Karte. Zum krönenden Abschluss lassen die anderen Kinder es auf einem Stuhl hochleben. Dazu sucht es sich sechs Kinder aus, die es hochleben lassen dürfen. Die Anzahl des Hochhebens orientiert sich am Alter des Kindes, das dann chorisch mitgezählt wird. So werden die Zahlen von der gesamten Klasse auch noch einmal wiederholt.

Handreichungen – Karneval

Lernwörter: Karneval, Kostüm, verkleiden, Kostüme wie Clown, Pirat, Cowboy, Prinzessin, Löwe usw. (beliebig erweiterbar), Perücke, Maske, Schminke, Luftschlange, Luftballon, Popcorn, Chips, Schokolade …

Fragemuster: „Welches Kostüm trägst du heute?"
„Wer bist du heute?"

Satzmuster: „Mein Kostüm ist ein/eine …"
„Heute bin ich …"
„Ich möchte ein/eine … sein."

Durchführung

In Vorbereitung auf das Fest sollte in der Klasse gemeinsam der Brauch des Karnevals anhand von Bildern verdeutlicht werden. Meist kennen die Kinder diesen und versuchen, ihnen bekannte Kostüme zu beschreiben. Dabei kann schon das Satzmuster: *„Ich möchte ein/eine … sein."* eingeübt und die kindliche Fantasie angeregt werden.

Gefeiert wird dann im Klassenverband oder je nach Organisation mit der gesamten Schule. Damit alle Kinder mit und ohne Kostüm an dem Tag mit Freude teilnehmen können, empfiehlt es sich, als Lehrkraft eine gute Vorbereitung zu treffen: bebilderte Elternbriefe herausgeben und um Spenden bitten (Süßigkeiten, Säfte usw.), Luftballons und Luftschlangen in der Klasse drapieren und zuvor in Kunst thematische Bilder für die Klasse gestalten lassen. Masken zu basteln, ist ebenfalls eine gute Vorbereitung. So wird jedem Kind die Gelegenheit gegeben, am Fest verkleidet teilzunehmen, auch wenn von zu Hause aus kein Geld dafür übrig ist.

Für den Tag hat es sich bisher immer als erfolgreich erwiesen, verschiedene Stationen an Gruppentischen aufzubauen: So können die Kinder zum Beispiel Karnevalsbilder (aus)malen, bewegliche Clowns basteln, Karnevalszuordnungsspiele lösen oder sich schminken. Die Schminkstation wird sehr gerne von Kindern genutzt, die zu Hause keine Möglichkeit hatten, ein Kostüm zu organisieren. Natürlich dürfen aber auch die gemeinschaftlichen Aktivitäten an diesem Tag nicht fehlen: Stopptanzen und eine Modenschau mit Erinnerungsfoto sind ein Muss an dem Tag! Dabei können nebenbei auch die oben genannten Satzstrukturen eingeübt werden, indem sich die Kinder vorstellen und das jeweils nächste Kind nach seinem Kostüm fragen. Auch Wettessen, Polonaise und eingeübte Tänze (z. B. *„Das singende Känguru“*[39]) sollten an jenem Tag Teil der Unterhaltung sein.

Handreichungen – Sankt Martin

Lernwörter: Sankt Martin, Soldat, Helm, Pferd, reiten, Bettler, Lumpen, Mantel, Mantelhälfte, teilen, Brezel, Laterne

Satzmuster: „Es war einmal …“
„Sankt Martin war …“
„Meine Laterne ist …“

Durchführung

Die Geschichte von Sankt Martin kann sehr gut mithilfe von Bildkarten erzählt werden. Eine weitere Erarbeitung durch Pantomime ist durchaus sinnvoll, um den Kindern die ernsthafte Situation näherzubringen. Danach ergeben sich unterschiedliche Möglichkeiten der Nacherzählung für die Kinder. Sie können die Bildkarten chronologisch ordnen und dabei die Lernwörter nutzen. Zudem können auf den Bildern Dinge gesucht und gefunden werden *(„Ich sehe …“, „Was siehst du?“* oder *„Zeig mir …“).* Des Weiteren kann die Geschichte im Anschluss stückchenweise von den Kindern erzählt oder auch vorgespielt werden.

Für den Laternenumzug kann zudem jedes Kind im Kunstunterricht eine eigene Laterne herstellen. Hierfür gibt es verschiedene Möglichkeiten,

39 Rosin, Volker: Das singende Känguruh. Audio-CD, Moon-Records: Düsseldorf 1999. Das Lied ist auch auf der folgenden Audio-CD zu finden: Kinder – Party – Karneval. 21 Kinderlieder für Fasching, Karneval und Verkleidungspartys. Audio-CD, Lamp und Leute (Universal Music): Berlin 2011.

wie etwa einfache Luftballons, die mit Kleister und Transparentpapier beklebt werden. Beim Laternenumzug können Lieder gesungen werden wie *„Ich geh mit meiner Laterne"*, *„Sankt Martin"* oder *„Laterne, Laterne"*[40].

Handreichungen – Weihnachten

Lernwörter: Nikolaus, Sack, Rute, Advent, Wichtel, Kerze, Adventskranz, Tannenbaum, Baumkugel, Backförmchen, Kekse, Keksdose, Schneemann, Weihnachtsmann, Schlitten, Geschenk, Rentier, Schlittschuhe, Kamin, Adventskalender, Lichterkette

Durchführung

Die Weihnachtszeit gibt allen die Möglichkeit, auch im Klassenraum eine besinnliche Zeit zu genießen. So ist es schön, jeden Tag mit einem Adventskreis zu starten, in dem neben den täglichen Ritualen auch typische Weihnachtsbräuche gelebt werden. Dazu gehören das Anzünden und Auspusten einer Kerze am Adventskranz sowie das geduldige Warten auf das Öffnen des von der Klasse selbst gebastelten Adventskalenders. Soweit dies genehmigt ist, sorgen Lichterketten in der Klasse für eine entspannte Atmosphäre. Die Ruhe lässt die Kinder in der besinnlichen Zeit ankommen und sie genießen dies wahrhaftig.

Das Buch *„12 Geschenke für den Weihnachtsmann"*[41] von Mauri Kunnas ist für Willkommensklassen besonders empfehlenswert: Zwölf kurze Geschichten für jeden Tag lassen die Kinder teilhaben an einer harmonischen und lustigen Weihnacht bei den Wichteln. Dazu erlernen sie viele Begriffe aus den Wortfeldern Winter und Weihnachten, die parallel zur gelesenen Geschichte an der Tafel visualisiert und verschriftlicht werden

40 http://www.dunkelschlagschule.de/Martinslieder-Sammlung.pdf (letzter Zugriff am 15.10.2016).

41 Kunnas, Mauri: 12 Geschenke für den Weihnachtsmann. Verlag Friedrich Oetinger: Hamburg 1988[11].

können. Vor dem Lesestart sollten die Kinder jeweils die Gelegenheit bekommen, einen Blick in die aktuelle Buchseite zu werfen. So können sie sich anhand der Bilder einen ersten Einblick von der Geschichte verschaffen und gegebenenfalls Ideen äußern, was die Geschichte heute in sich birgt.
Die Lernwörter kann jedes Kind seinen individuellen Möglichkeiten entsprechend in einem Heft festhalten. Die Offenheit des Materials ermöglicht allen Kindern eine Unterrichtsteilhabe und kann differenziert genutzt werden. Eins ist jedoch gleich: Am Ende erinnert sich jedes Kind zurück an die Weihnachtszeit und das Buch von den zwölf Geschenken.

Weitere mögliche Aktivitäten

- *Fächerübergreifend sollten unbedingt die Fenster der Klasse (oder auch sonstige vorhandene Gestaltungsflächen wie Wäscheleinen, Stellwände usw.) dekoriert werden:*
  - *Winterlandschaft aus Häusern*
  - *Schneemänner*
  - *Sterne*
  - *Schneemann, getupft aus Deckweiß*

■ *Ebenfalls sollten Weihnachtslieder gesungen werden: Wie alle Kinder lieben auch die Kinder der Willkommensklassen das Lied „In der Weihnachtsbäckerei"[42].*

■ *Als Abschluss zu den Weihnachtsferien können die Kinder auch Häuser aus Butterkeksen und Zuckerguss bauen. Der Dekoration mit Weingummis und Smarties sind dabei keine Grenzen gesetzt. Die Kinder lieben es!*

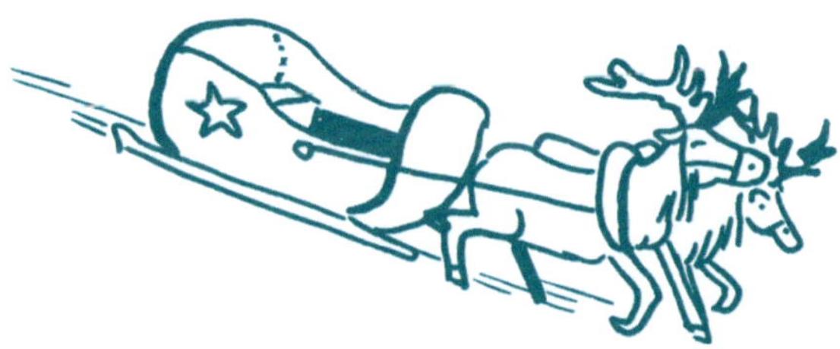

42 Zuckowski, Rolf: In der Weihnachtsbäckerei. Audio-CD, Musik für Dich (Universal Music): Hamburg 2012.

Freizeit und Hobbys

Ziel

Die Schülerinnen und Schüler lernen unterschiedliche Freizeitaktivitäten kennen, um sich beispielsweise bei Erzählungen vom Wochenende oder zur eigenen Person ausdrücken zu können.

Handreichungen

Lernwörter: malen, lesen, reiten, kochen, backen, schwimmen, singen, fernsehen, Fahrrad fahren, Seilchen springen, Inliner fahren, Skatebord fahren, Basketball spielen, Gitarre spielen, Klavier spielen, eislaufen …

Fragemuster: „Was machst du gerne?"
„Was machst du nach der Schule?"

Satzmuster: „Am Wochenende habe ich …"
„Am Freitag/Samstag/Sonntag habe ich …"
„Ich habe …"
„In meiner Freizeit mache ich gerne …"
„… macht mir Spaß."
„Nach der Schule …"

Durchführung

Im Erzählkreis bieten sich stets verschiedene Gesprächsanlässe an. Nach dem Wochenende wird gerne von den Erlebnissen und Tätigkeiten der freien Tage berichtet. Doch damit die Kinder die Gelegenheit haben, sich überhaupt mitzuteilen, muss man ihnen Ausdrucksweisen an die Hand geben, die es ihnen möglich machen, ihr Erlebtes in Worte zu fassen. So können Hobbys und Freizeitaktivitäten durch Bildkarten oder aber auch durch im Sportunterricht oder in der Pause Initiiertes thematisiert werden. Satzstreifen zum Wochenende und Freizeitangebote in Kombination ermöglichen allen Kindern, von Getanem zu berichten.

In der Klasse (Möbelstücke und Inventar)

Ziel

Die Schülerinnen und Schüler lernen, sich in ihrer Klasse zu orientieren, und erwerben das notwendige Vokabular hierfür. So können sie einfache Anweisungen durchführen und können Lagebeschreibungen besser orten.

Handreichungen

Lernwörter: Tür, Fenster, Fensterbank, Tisch, Stuhl, Schrank, Pult, Wand, Licht, Tafel, Regal, neben, über, unter, auf, in, hinter, vor

Durchführung

Die Schüler beschreiben, was sie in der Klasse sehen können. Dazu können sie den Gegenstand zeigen und auch namentlich in ihrer Sprache nennen. Die Lehrperson führt dabei den Namen im Deutschen für den Gegenstand ein und beschriftet diesen mit einer Namenskarte mit dazugehörigem Artikel. Kleinere Spiele im Anschluss wie *„Ich sehe was, was du nicht siehst"* oder *„Welche Karte fehlt?"* fördern die Orientierung in der Klasse sowie die Beschreibung von Lagebeziehungen und sichern die Begrifflichkeiten.

Meine Familie

Ziel

Die Schülerinnen und Schüler können am Ende des Themas die Mitglieder ihrer Familie benennen und haben einen Überblick über verwandtschaftliche Beziehungen.

Handreichungen

Lernwörter: Familie, Erwachsene, Mama (Mutter), Papa (Vater), Oma, Opa, Schwester, Bruder, Geschwister, Onkel, Tante, Cousine, Cousin, Kind, Baby, Sohn, Tochter, Enkel, Enkelin

Fragemuster: „Hast du eine Schwester / einen Bruder?"
„Wie viele Geschwister hast du?"

Satzmuster: „Meine Familie ist groß/klein."
„Zu meiner Familie gehören …"
„Ich habe …"

Durchführung

Gestartet werden kann mit einem beliebigen Familienbild aus Zeitungen, Büchern, Fotos, Postern oder mit der Lehrkraft als direktem Bezug. Dabei können die Kinder erste Personen sehen und beschreiben. Einige von ihnen nutzen eventuell schon Wörter wie *Mama, Papa* oder *Bruder* und *Schwester.* So ergibt sich dann die Gelegenheit, über weitere Verwandtschaftsmitglieder zu sprechen und die Kinder von ihrer eigenen Familie erzählen zu lassen (Satzmuster: *„Ich habe …"*).
Wenn erst einmal alle zur Familie zugehörigen Personen geklärt sind, können die Kinder Bilder von ihrer Familie mitbringen oder aber auch die einzelnen Personen aufmalen. So entstehen Legekarten, die dabei helfen können, Verwandtschaftsbeziehungen deutlich werden zu lassen. Ein Stammbaum kann dann auch gelegt werden und die Kinder können erste Beziehungen beschreiben, zum Beispiel: *„Meine Oma ist die Mama von meiner Mama. Ich bin das Kind von meiner Mama."*

Mein Körper

Ziel

Die Schülerinnen und Schüler lernen die Körperteile und Sinne kennen.

Handreichungen

Lernwörter: Kopf, Gesicht, Ohr, Auge, Nase, Mund, Hals, Schulter, Arm, Hand, Finger, Bauch, Bein, Knie, Fuß, Körperteile, Sinne

Fragemuster: „Welche Körperteile hast du?"
„Was gibt es alles in deinem Gesicht?"
„Womit kannst du hören/schmecken/riechen/fühlen/sehen?"

Satzmuster: „Mein Körper hat ..."
„Im Gesicht habe ich ..."
„Mit meinem ... kann ich ..."

Durchführung

Um dieses Thema zu bearbeiten, eignet sich sehr gut eine alte Tapetenrolle. Ein freiwilliges Kind kann sich darauflegen und die Umrisse werden mit einem dicken Stift auf die Tapete aufgetragen. So ist der persönliche Zugang zum Thema gegeben. Die nun vorhandene Silhouette macht deutlich, dass das Kind noch nicht richtig abgebildet worden ist. Die Kinder können auf die jeweilige Stelle des Körpers zeigen und der Körperumriss immer wird detaillierter aufgezeichnet (z. B. wird die Hand vom Arm abgetrennt, der Hals vom Kopf, die Ohren vom Gesicht usw.). Zu den jeweiligen Körperteilen wird dann das deutsche Wort eingeführt und später auch dazugeklebt. Auf diese Weise entsteht parallel eine Lernspur für die Klasse.

Die menschlichen Sinne können anschließend durch verschiedene kleine Experimente, wie zum Beispiel durch ein Hör- oder Tastmemory, erkundet werden. Dazu eignen sich kleine Geschmacksproben oder Döschen, in denen bestimmte Materialien „versteckt" sind und die durch Schütteln der Dosen erraten werden sollen. Mit verbundenen Augen sollen die Kinder dann schmecken oder hören, was sie gerade essen oder in der Dose durch das Schütteln erlauschen können.

Das Lied *„Kopf und Schulter“*[43], das zumeist aus dem Englischunterricht bekannt ist, eignet sich besonders gut, um die Körperteile zu vertiefen. Die Melodie ist sehr eingängig und der Text kann immer wieder variiert werden. So können beispielsweise einmal nur die Gliedmaßen „besungen“ werden und ein anderes Mal der Kopf und das Gesicht.

43 Text und Melodie im Internet unter: http://www.labbe.de/liederbaum/index.asp?themaid=22&titelid=557 (letzter Zugriff am 15.10.2016).

Kleidung

Ziel

Die Kinder lernen Kleidungsstücke kennen und können diese benennen.

Handreichungen

Lernwörter: Kleidung, Pullover, T-Shirt, Jacke, Hose, Shorts, Socken, Schuhe, Unterhose, Unterhemd, Top, Schal, Handschuhe, Mütze, Badehose, Bikini …

Fragemuster: „Welche Kleidung trägst du heute?"
„Welche Farbe hat dein/deine …?"

Satzmuster: „An den Beinen trage ich …"
„An den Füßen trage ich …"
„Ich trage …"

Durchführung

Anknüpfend an das Thema „Mein Körper" kann das Thema „Kleidung" bearbeitet werden. Den Schülern wird schnell klar, dass das aufgezeichnete Beispielkind nicht nackt lebt. So kann das Kind nach und nach mit Kleidung bestückt werden. Wichtig ist dabei auch, dass die Kinder der Figur die Kleidung der Reihenfolge nach anziehen. Denn viele Kinder haben beim Umziehen immer noch Orientierungsprobleme, wann sie welches Kleidungsstück anziehen müssen. So können sie auch an Sicherheit gewinnen, sich beim Schulsport oder Schwimmen schneller umziehen zu können. Des Weiteren ist es für viele der Kinder Normalität, den Schlafanzug unter der Alltagskleidung zu tragen. Daher ist es hier besonders wichtig, auf das richtige Anziehen zu achten und die Körperhygiene, welche ein weiteres Thema sein kann, dabei nicht zu kurz kommen zu lassen.

Natürlich ist das Thema auch erweiterbar. So kann zum Beispiel auch jahreszeitentypische Kleidung besprochen werden und der Lernwörterstamm variieren. Ratespiele zur Kleidung (z. B.: *„Wer trägt heute einen blauen Pullover?“*) oder aber Kleidungsbeschreibungen (*„Heute trage ich ein rotes T-Shirt, eine blaue Hose und gelbe Schuhe.“*) sichern hierbei den erlernten Wortschatz und kombinieren weitere Themen.

Obst und Gemüse

Ziel

Die Schülerinnen und Schüler lernen unterschiedliche Obst- und Gemüsesorten kennen. Zudem erlernen sie die richtige Verwendung.

Handreichungen

Lernwörter: Gemüse, Obst, Zitrone, Apfel, Birne, Orange, Mandarine, Banane, Erdbeere, Pflaume, Himbeere, Traube, Blaubeere, Spinat, Pilz, Kartoffel, Zwiebel, Knoblauch, Lauch, Tomate, Gurke, Petersilie, Olive …

Fragemuster: „Was isst du gerne?"
„Was ist dein Lieblingsessen?"

Satzmuster: „Ich esse gerne …"
„Mein Lieblingsobst ist …"
„Mein Lieblingsgemüse ist …"
„Ich mag (nicht) …"

Durchführung

Obst und Gemüse sind den Kindern von zu Hause meist bekannt und sie erzählen gerne von Obst- oder Gemüsesorten aus ihrem Herkunftsland. Daher ist das Interesse an den deutschen Bezeichnungen dieser Lebensmittel meist sehr groß und häufig lassen sich Analogien zu den anderen Sprachen herstellen. So berichten die Kinder sehr gerne von den Begrifflichkeiten in ihrer Sprache. Schulobstprojekte machen es möglich, die Sorten direkt in der Klasse zur Verfügung zu haben und zu thematisieren. Andernfalls gibt es im Handel auch Spielobst und -gemüse zu kaufen, um damit einen Thementisch zu gestalten und zu beschriften. Durch die Thematisierung der Lebensmittel kann dann auch im Anschluss das Einkaufen geübt und das richtige Waschen und Schneiden erlernt werden.

Schulsachen (Arbeitsmaterialien)

Ziel

Die Schülerinnen und Schüler lernen ihre Arbeitsmaterialien kennen.

Handreichungen

Lernwörter: Schultasche, Etui, Bleistift, Buntstift, Lineal, Anspitzer, Kleber, Radiergummi, Füller, Mappe, Heft, Buch, Brotdose, Trinkflasche

Fragemuster: „Kann ich …?“
„Darf ich …?“
„Wo ist …?“

Satzmuster: „Hier hast du …“
„Das ist …“
„Ich brauche …“

Durchführung

Damit die Kinder erfolgreich am Unterricht teilnehmen können, ist es wichtig, die Bezeichnungen der benötigten Schulmaterialien zu kennen. Daher sollte zuerst einmal eine Schultasche ausgepackt und alle darin enthaltenen Gegenstände kenntlich gemacht werden. Falls die Schüler keine eigene Schultasche besitzen, eignet es sich auch immer wieder, die eigene Tasche oder eine mitgebrachte Schultasche auszupacken und die Materialien zu veranschaulichen.

Spiele zur Wortsicherung (siehe Kapitel 5) sollten im Anschluss daran folgen. Die regelmäßige Nennung von benötigten Materialien und auch die Visualisierung an der Tafel verschaffen den Kindern Sicherheit und bringen schnell den Erfolg, sich äußern und sich benötigtes Material verschaffen zu können.

Spielzeug

Ziel

Die Schülerinnen und Schüler lernen unterschiedliche Spiele und Spielzeug kennen.

Handreichungen

Lernwörter: Puzzle, Spiel, Memory, Domino, Vier gewinnt, Puppe, Buch, Teddybär, Drachen, Instrument, Knete, Ball, Gummitwist, Murmeln, Kreide, Computer ...

Fragemuster: „Was spielst du gerne?"
„Was ist dein Lieblingsspielzeug?"

Satzmuster: „Am liebsten spiele ich ..."
„Ich spiele gerne mit ..."
„Mein Lieblingsspielzeug ist ..."
„Nach der Schule spiele ich ..."

Durchführung

Da die Kinder häufig zu Hause keine Gesellschaftsspiele haben, genießen sie es erfahrungsgemäß, sich in Regenpausen oder einer ritualisierten Spielestunde in der Schulwoche am Spieleregal zu bedienen und einfach loszuspielen.

So können beispielsweise die in der Schule vorhandenen Spiele nacheinander eingeführt werden, sodass die Kinder die Regeln und Funktionsweise der Spiele erlernen können.

Spiele wie Murmelnwerfen, Gummitwist oder Malen mit Straßenkreide können zudem im Freien eingeführt werden.

Nach dem Spielen sollte dann reflektiert werden, welches Spiel den Kindern am meisten Spaß macht. So können unterschiedliche Satzmuster wie *„Mein Lieblingsspielzeug ist ..."* oder *„Ich mag es, mit ... zu spielen."* im Sprachgebrauch integriert werden.

5 Sammlung – Minispiele zur Wortschatzerarbeitung

Wortschatzspiele sind das A und O des Fremdsprachenlernens. Die Kinder lernen hier auf spielerische Weise den Wortschatz kennen, vertiefen ihn und wenden ihn an, ohne zu merken, dass sie es tun, denn für sie ist es einfach nur Spielen. Für ihr Gehirn ist es mehr als das: Sie lernen neue Wörter kennen, ordnen sie Wortfeldern zu und das Gehirn lässt neue Synapsen entstehen und schließt Verknüpfungen.

Generell gilt: Wer mit Kindern einen Wortschatz erarbeiten, aufarbeiten oder vertiefen möchte, sollte immer auf Realien oder Bildkarten zurückgreifen. Und das Schönste daran: Die Spiele lassen sich mit Kindern aller Altersgruppen spielen. Egal, ob Schulanfänger oder vierte Klasse – die Spiele werden von allen Kindern gerne gespielt (schließlich sind es Spiele!).

Im Folgenden werden einige Möglichkeiten der spielerischen Wortschatzarbeit beschrieben. Die meisten dieser Spiele sind aus dem Englischunterricht bekannt und wurden für die Arbeit mit Deutschlernern angepasst. Hierbei findet die Erläuterung immer anhand von Bildkarten statt, die in passenden Situationen durchaus auch durch Realien ersetzt werden können. Gutes Bildmaterial findet sich in den verschiedenen Englischmaterialien der Schule und im Internet. Außerdem haben viele Verlage mittlerweile erkannt, dass Bildmaterial für die Arbeit in einer Willkommensklasse sehr hilfreich ist und bringen immer wieder neue Themenpakte heraus.

Vor dem Anwenden aller Minispiele sollte der Wortschatz immer zuerst eingeführt werden, damit die Spiele für die Kinder auch spielbar sind. Natürlich geht es darum, dass die Spiele helfen sollen, den Wortschatz zu erarbeiten und zu vertiefen, aber ein Grundwortschatz mit einigen der Wörter sollte zu Anfang vorhanden sein.

Die Einprägung einiger Wörter vor Spielbeginn kann auf unterschiedliche Weise stattfinden. Als Beispiel hierfür das Thema „Früchte“:

Verschiedene Früchte (Realien) werden in einen Korb gelegt und mit einem Tuch überhangen. Nach und nach darf ein Kind eine Frucht verdeckt aus dem Korb nehmen. Vielleicht kennen bereits einige Kinder den Namen der Frucht und können sie benennen. Wenn nicht, kann die Lehrperson helfen. Die Lehrperson spricht das Wort vor (bei Nomen immer mit Artikel!), beispielweise: *die Erdbeere.* Die Kinder sprechen das Wort nach. Das Vor- und Nachsprechen (auch Chorsprechen genannt) kann variabel eingesetzt werden. So können die einzelnen Wörter unterschiedlich betont werden: flüstern, in die Länge ziehen, ganz schnell sprechen, laut sprechen, piepsig sprechen, tief sprechen usw. Das Nachsprechen auf verschiedene Weise hilft den Kindern, sich die Wörter besser einzuprägen. Ist es möglich, das zu übende Wort zudem durch Gestik und Mimik zu unterlegen, verbindet sich Sprache mit Bewegung und sorgt so für eine schnellere und einfachere Verankerung im Gehirn. Ein Beispiel hierfür sind Verben: *springen, lachen, klatschen, winken* usw. Auch das Hochhalten von Bildkarten und ein dazugehöriger Laut *(Hund – bellen)* ist eine mögliche Variante, sich Wörter besser einprägen zu können.
Im Anschluss an das Chorsprechen können noch einmal alle Wörter gemeinsam gesprochen werden. Im direkten Anschluss eignen sich folgende vier Minispiele: *„Tausche!“*, *„Zeig mir!“*, *„Blitzgucken“* und *„Was fehlt?“*.

Tausche!

Materialien: Bildkarten zum Wortmaterial
Das Spiel *„Tausche!“* ist ein schnelles Spiel und es kann an der Tafel oder im Sitzkreis gespielt werden. Die Lehrkraft sagt: *„Tausche den Hund mit der Katze.“* Ein Kind tauscht die benannten zwei Bildkarten. Nun ist dieses Kind an der Reihe.

Zeig mir![44]

Materialien: Bildkarten zum Wortmaterial

Das Spiel *„Zeig mir!"* kann gut am Anfang der Wortschatzeinführung eingesetzt werden. Die Lehrperson sagt: *„Zeige mir die Banane."* Ein Kind zeigt auf die richtige Bildkarte.

Varianten: Das Spiel kann mit allen gemeinsam an der Tafel gespielt werden oder jedes Kind macht die Aufgabe für sich, wenn es die Bildkarten vor sich liegen hat.

Blitzgucken[45]

Materialien: Bildkarten zum Wortmaterial

Die Bildkarten werden verdeckt von einem Kind gehalten. Relativ schnell dreht das Kind eine Bildkarte so zu den Mitschülerinnen und Mitschülern, dass diese das Bild kurz sehen können. Dann wird es wieder verdeckt. Das Kind nimmt ein anderes Kind dran. Wenn das Kind das richtige Wort zum Bild weiß, wird getauscht und dieses Kind ist nun an der Reihe.

Was fehlt?[46]

Materialien: Bildkarten zum Wortmaterial

„Was fehlt?" ist mittlerweile wohl eines der bekanntesten Wortschatzspiele. Hierbei werden alle eingeführten Bildkarten an die Tafel gehängt oder in die Mitte des Sitzkreises gelegt. Die Lehrkraft beginnt mit der Aufforderung, die Augen zu schließen: *„Augen zu."* Die Lehrkraft nimmt eine der Bildkarten weg und versteckt sie beispielsweise hinter dem Rücken. Bei der Aufforderung *„Augen auf"* öffnen die Kinder ihre Augen und schauen, welche Bildkarte fehlt. Die Lehrkraft fragt: *„Was fehlt?"* und nimmt ein Kind ihrer Wahl dran. Wenn das Kind die richtige Karte nennt,

---

44 Vgl. Böttger, Heiner: Englisch – Didaktik für die Grundschule. Cornelsen Verlag: Berlin 2012, S. 81.

45 Vgl. http://pnutspnuts.blogspot.de/2015/02/warm-ups-fur-den-englischunterricht.html (letzter Zugriff am 15. 10. 2016).

46 Vgl. Klein, Kerstin: Die besten Spiele für den Englischunterricht. Oldenbourg Schulverlag: München 2012, S. 26.

ist es an der Reihe und die Lehrkraft kann sich aus der leitenden Situation entziehen. Die Kinder spielen nun selber.

Schwierigkeitsvariante: Es können auch zwei oder mehrere Karten entwendet werden, wenn das Wortmaterial bereits besser verinnerlicht wurde.

Diese Wortschatzspiele eignen sich aufgrund ihrer geringen Komplexität für den Anfang, da nicht jedes Wort bekannt sein muss. Die Kinder können jedoch jederzeit einsteigen, sobald sie ein Wort wissen, und bekommen durch ihre Mitschüler die ihnen unbekannten und noch nicht eingeprägten Wörter zum wiederholten Male mit.

Weitere Wortschatzspiele

Das Fliegenklatschenspiel[47]

Materialien: Bildkarten zum Wortmaterial, 2 Fliegenklatschen

Variante 1: Die Schülerinnen und Schüler sitzen auf ihren Plätzen. Die Klasse wird in zwei Teams eingeteilt. An der Tafel hängen die Bildkarten. Jeweils ein Kind aus jedem Team kommt nach vorne und erhält eine Fliegenklatsche.
Die Lehrkraft nennt ein Wort. Wer zuerst mit der Fliegenklatsche auf die richtige Bildkarte schlägt, bekommt einen Punkt für sein Team.
Vorher sollte die Anzahl der Punkte, die zu einem Gewinn führen, angesagt werden.

Variante 2: Alle Spielregeln werden beibehalten. Das Spiel findet jedoch im Sitzkreis statt.

47 Vgl. http://playway.de/2013/04/18/englischpausen/(letzter Zugriff am 15. 10. 2016).

Variante 3: Diese Variante unterscheidet sich nur geringfügig von den ersten beiden. Sie ist von den Plätzen aus oder im Sitzkreis spielbar. Bei dieser Variante sammeln die Kinder nicht die Punkte, sondern die Karten. Dies bietet sich an, wenn es weniger Kinder als Bildkarten gibt oder in etwa gleich viele. Jedes Kind, das eine Karte zuerst klatscht, darf die Karte behalten. Am Ende werden die Karten der Gruppen gezählt. Wer die meisten Karten hat, gewinnt.
Achtung: Es hat sich als sinnvoll erwiesen, die Regel einzuführen, dass die letzte Karte immer die Gruppe erhält, die weniger Karten sammeln konnte. So kommt es zu keinen Streitigkeiten um die letzte Karte und für die Kinder ist es eine normale Spielregel.

Schwierigkeitsvarianten:

- *Die Bildkarten können mit und ohne Schriftbild sein.*
- *Anstatt des Wortes kann die Lehrkraft auch ein Geräusch oder nur den Anlaut nennen und das Kind, das zuerst auf die richtige Karte klatscht, muss das ganze Wort benennen, um den Punkt zu erhalten.*
- *Eine ungleiche Spieleranzahl in den Gruppen ist im Endeffekt nicht entscheidend, da jedes Kind reihum drankommt und somit in der zweiten Runde andere Gegner gegeneinander spielen. Jedoch ist es auch möglich, dass bei ungleicher Anzahl ein Kind als Sprecher fungiert und die Wörter sagen darf. Achtung: Es sollte sich hierbei um ein Kind handeln, das fast alle Wörter kennt.*

Klasse vs. Lehrkraft

Materialien: Bildkarten zum Wortmaterial, Tafel und Kreide

An der Tafel wird eine Tabelle aufgemalt. In der linken Spalte steht der Name der Klasse, z. B. 2a, und in der rechten Spalte der Name der Lehrkraft, z. B. Frau Müller.

Die Lehrkraft hält die Bildkarten verdeckt bei sich und fragt die Schülerschaft: *„Welche Karte habe ich?"* Die Schülerschaft hat nun drei Versuche zu erraten, welche Karte oben auf dem Bildkartenstapel liegt, und fragt beispielsweise: *„Hast du einen Hund?"* Die Lehrkraft zeigt die drei Versuche mit drei Fingern in der Luft an. Verneint sie die Frage, gibt es noch zwei Versuche usw. Kann sie die Frage bejahen, wird die Bildkarte an die Tafel gehängt und die Schülerschaft erhält einen Punkt. Bei drei misslungenen Versuchen erhält die Lehrkraft einen Punkt.

Da nach und nach die Wortkarten an der Tafel platziert werden, können die Schülerinnen und Schüler nach dem Ausschlussprinzip verfahren, da diese Karten nicht mehr im Kartenstapel der Lehrkraft sein können.

Schlauer Papagei

Materialien: Bildkarten zum Wortmaterial, Zeigestock

Im Englischen wird dieses Spiel *„Clever Parrot"* genannt. Die Bildkarten können an der Tafel hängen oder aber auch im Sitzkreis liegen.
Die Lehrkraft zeigt mit dem Stock auf eine Bildkarte und benennt diese. Die Kinder, die schlaue Papageien sind, sprechen das Wort nach. Wenn die Lehrkraft auf ein Bild zeigt, aber das Wort, das sie dazu sagt, nicht richtig ist, klatschen die Kinder in die Hände und melden sich. Die Lehrperson nimmt ein Kind dran und dieses sagt, wie das Wort zu dem Bild richtig heißt. Nun ist dieses Kind an der Reihe.

Obstsalat[48]

Dieses Spiel wird anhand des Themenfelds „Familie“ erläutert.

Materialien: keine notwendig, ggf. Bildkarten zum Wortmaterial

Die Lehrperson weist jeweils zwei Kindern ein Wort aus dem Themenfeld „Familie“ zu. Wichtig ist, den Kindern bereits vorher zu sagen, dass sie sich ihr Wort sehr gut merken müssen. Wenn allen Kindern ein Wort zugewiesen wurde *(Vater, Mutter, Sohn, Tochter, Großmutter, Tante* usw.*)*, ruft die Lehrkraft ein Wort oder hält dazu als Differenzierung noch die dazugehörige Bildkarte hoch. Die Kinder, denen dieses Wort zugewiesen wurde, müssen schnell den Platz tauschen.
Wenn die Lehrkraft *„Familie“* ruft, tauscht die ganze Klasse den Platz.
Das Spiel ist auf alle Themenfelder anwendbar.

Schwierigkeitsvarianten:

- *Es wird nur das Wort gerufen und dabei keine Bildkarte gezeigt.*
- *Es werden zwei oder drei Wörter hintereinander gesagt und mehrere Kinder tauschen gleichzeitig den Platz.*

48 Vgl. Böttger, S. 82.

Musikspiel

Materialien: Bildkarten zum Wortmaterial, Tafel und Kreide, Musik

Die Lehrperson benennt gemeinsam mit den Kindern die Bildkarten. Nach der Benennung einer Bildkarte legt die Lehrperson diese im Klassenraum hin oder stellt sie irgendwo auf (z. B. an die Tafel, auf die Fensterbank, auf das Regal oder an die Garderobe). Sobald alle Karten einen Platz im Klassenraum gefunden haben, beginnt das eigentliche Spiel. Am einfachsten ist es hierbei, Jungen gegen Mädchen spielen zu lassen, um den Überblick nicht zu verlieren. An der Tafel wird eine Tabelle festgehalten.
Nun kann es losgehen. Die Lehrperson macht Musik an und die Kinder wandern durch die Klasse. Wenn die Musik ausgeht, ruft die Lehrperson ein Wort aus und das Kind, das die dazugehörige Karte zuerst hochhält, gewinnt den Punkt für seine Mannschaft. Dabei muss die Klasse leise sein, damit das Kind beim Hochhalten der Karte noch einmal das richtige Wort nennen kann.
Man sollte darauf achten, dass Kinder nicht absichtlich immer nur um eine Karte herumwandern. Jeder muss sich bewegen, die ganze Zeit.
Achtung: Vorher sollte einmal gezeigt werden, dass die Karten nicht gerissen werden sollen. Wer zuerst an der Karte ist, dem darf die Karte nicht aus der Hand gerissen werden. Oftmals hilft es zu sagen, dass die Karten 50 Euro kosten …

Flüsterspiel 1

Materialien: Bildkarten zum Wortmaterial

Die Kinder stellen sich in einem Kreis auf. Die Lehrperson gibt dem Kind neben sich eine Bildkarte und flüstert ihm das passende Wort ins Ohr. Das Kind gibt die Karte weiter und flüstert das Wort weiter. So geht es reihum, bis alle Bildkarten benannt wurden.

Flüsterspiel 2

Materialien: keine notwendig

Ein Schüler geht vor die Tür. Die Lehrperson sagt den Kindern, welches Wort sie gleich flüstern müssen, z. B. *„das Radiergummi"*. Sie wählt ein Kind aus, das ein anderes Wort flüstert als alle anderen Kinder, z. B. *„das Lineal"*.

Dann wird der Schüler, der draußen wartet, hereingerufen. Die Kinder gehen durch die Klasse und flüstern ihr Wort. Der Schüler muss nun das Kind ausfindig machen, das etwas anderes flüstert als die anderen. Dann wird gewechselt und das nächste Kind darf vor die Tür gehen.

Menschenmemory[49]

Materialien: keine notwendig

Zwei Kinder gehen vor die Tür.

Dann finden sich jeweils zwei Kinder als Pärchen zusammen. Sie gehen zur Lehrkraft und lassen sich ihr Memorywort nennen. Danach setzen sie sich auf ihren eigenen Platz auf den Tisch. Wenn alle Kinder einen Partner und ein Wort haben, werden die beiden Kinder, die draußen warten, hereingerufen.

Nun spielen sie gegeneinander Memory. Der erste Spieler nimmt ein Kind dran, das ihm sagt, was es ist, also welches Wort ihm genannt wurde. Dann darf der Spieler noch ein zweites Kind drannehmen, so wie beim Memoryspiel, wenn zwei Karten aufgedeckt werden. Wenn die beiden Kinder nicht zusammenpassen, ist der andere Spieler dran. Wenn ein Pärchen gefunden wurde, bekommt derjenige, der es aufgedeckt hat, einen Punkt und darf noch einmal Kinder aussuchen.

Weitere Wortschatzspiele

Andere Spiele, die bekannt und immer wieder beliebt sind und keiner Erklärung bedürfen:

- *Ich packe meinen Koffer*
- *Ich sehe was, was du nicht siehst*
- *Memory*
- *Bingo*
- *Domino*

Es ist sinnvoll und notwendig, im Anschluss an die spielerische Erarbeitung des Wortschatzes auch das Schriftbild der jeweiligen Wörter einzuführen.

49 Vgl. http://buntesklassenzimmer.de/spiel-fuer-zwischendurch-menschenmemory/(letzter Zugriff am 15. 10. 2016).

Literaturhinweise und Internetlinks

Bücher

Bickes, Hans/Pauli, Ute: Erst- und Zweitspracherwerb. UTB (W. Fink): Paderborn 2009

Böttger, Heiner: Englisch – Didaktik für die Grundschule. Cornelsen Verlag: Berlin 2012

Jeuk, Stefan: Deutsch als Zweitsprache in der Schule. Grundlagen – Diagnose – Förderung. Verlag W. Kohlhammer: Stuttgart 2010[2]

Klein, Kerstin: Die besten Spiele für den Englischunterricht. Oldenbourg Schulverlag: München 2012

Krifka, Manfred u. a. (Hrsg.): Das mehrsprachige Klassenzimmer. Über die Muttersprachen unserer Schüler. Springer VS: Heidelberg 2014

Shah, Hanne: Flüchtlingskinder und jugendliche Flüchtlinge in Schulen, Kindergärten und Freizeiteinrichtungen. Hrsg. von der Unfallkasse NRW: Essen 2015[2]

Texte von Schulministerien und regionalen Arbeitsstellen

BASS 13–63 Nr. 3: Unterricht für Schülerinnen und Schüler mit Zuwanderungsgeschichte, insbesondere im Bereich der Sprachen. RdErl. d. Ministeriums für Schule und Weiterbildung v. 21. 12. 2009 (Stand 01. 05. 2014). https://www.schulministerium.nrw.de/docs/Recht/Schulrecht/Erlasse/Herkunftssprache.pdf

Bildungsportal des Ministeriums für Schule und Weiterbildung des Landes Nordrhein-Westfalen: Beschulung von Geflüchteten. Vermittlung der Kinder und Jugendlichen in die Schulen: https://www.schulministerium.nrw.de/docs/Schulsystem/Integration/Gefluechtete/FAQ-03/index.html

Bildungsportal des Ministeriums für Schule und Weiterbildung des Landes Nordrhein-Westfalen: Schulärztliche Untersuchungen bei der Einschulung von zugewanderten Kindern und Jugendlichen: https://www.schulministerium.nrw.de/docs/Recht/Schulgesundheitsrecht/Schuleingangsuntersuchung/index.html

Regionale Arbeitsstelle zur Förderung von Kindern und Jugendlichen aus Zuwandererfamilien (RAA), Köln: Handreichung zum Unterricht mit Seiteneinsteigern im Primarbereich. Stadt Köln 2004, aktualisiert 2011. S. 1. Im Internet zu finden unter: http://www.schicht-wechsel.net/akki2/handreichungen/Handreichung_zum_Unterricht_mit_Seiteneinsteigern_im_Primarbereich_Teil1.pdf

Schulgesetz für das Land Nordrhein-Westfalen vom 15. Februar 2005, zuletzt geändert am 14. Juni 2016. https://www.schulministerium.nrw.de/docs/Recht/Schulrecht/Schulgesetz/Schulgesetz.pdf

Bild- und Fotokarten für einzelne Themenbereiche

ABC der Tiere 1 – Handbuch Teil A. Lautgebärden als Gebärdenkarten. Mildenberger Verlag: Offenburg 2010

der die das. Lautbilder als Download. Cornelsen Verlag GmbH: Berlin 2011

Deutsch lernen mit Fotokarten: Erste-Hilfe-Wörter: Grundschulkinder lernen Deutsch mit Fotokarten. Cornelsen Verlag GmbH: Berlin 2016

Deutsch lernen mit Fotokarten: DaZ-Kopiervorlagen für Anfänger – Grundschulkinder lernen erste Wörter. Cornelsen Verlag GmbH: Berlin 2016

Deutsch lernen mit Bildkarten: Erste-Hilfe-Sätze: Grundschulkinder lernen Deutsch mit Bildkarten. Cornelsen Verlag GmbH: Berlin 2016

Deutsch lernen mit Bildkarten: Erste-Hilfe-Verben: Grundschulkinder lernen Deutsch mit Bildkarten. Cornelsen Verlag GmbH: Berlin 2016

Deutsch lernen mit Bildkarten: Erste-Hilfe-Adjektive, Adverbien, Präpositionen – Grundschulkinder lernen Deutsch mit Bildkarten. Cornelsen Verlag GmbH: Berlin 2016

Deutsch lernen mit Fotokarten: Rituale und Regeln für ein gutes Miteinander. Sprechanlässe für Grundschulkinder. Cornelsen Verlag GmbH: Berlin 2017

Lieder und Geschichten zum Einüben des Wortschatzes

Arndt, Ursula: Literaturwerkstatt „Elmar". Verlag an der Ruhr: Mülheim an der Ruhr 2001

Carle, Eric: Die kleine Raupe Nimmersatt, Gerstenberg Verlag: Hildesheim 2009

Horn, Reinhard/Mölders, Rita/Schröder, Dorothe (Hrsg.): KlassenHits. 143 Lieder rund um die Schule. 4 Audio-CDs. In Kooperation mit dem VBE Verlag NRW. Kontakte Musikverlag: Lippstadt 2013

Kinder – Party – Karneval. 21 Kinderlieder für Fasching, Karneval und Verkleidungspartys. Audio-CD, Lamp und Leute (Universal Music): Berlin 2011

Kunnas, Mauri: 12 Geschenke für den Weihnachtsmann. Verlag Friedrich Oetinger: Hamburg 1988[11]

McKee, David: Elmar. Thienemann-Esslinger Verlag: Stuttgart 1988

Rosin, Volker: Das singende Känguruh. Audio-CD, Moon-Records: Düsseldorf 1999

Zuckowski, Rolf: Feste feiern rund um die Jahresuhr. Audio-CD: Mit 16 Gute-Laune-Liedern für alle Jahreszeiten, Ökotopia Verlag: Aachen 2005

Zuckowski, Rolf: In der Weihnachtsbäckerei. Audio-CD, Musik für Dich (Universal Music): Hamburg 2012

Materialien aus dem Internet

http://www.dunkelschlagschule.de/Martinslieder-Sammlung.pdf
Sammlung von Martinsliedern

http://fraulocke-grundschultante.blogspot.de/p/material.html
Grundschulblog, u. a. mit Materialien und Bilder für den Anfangsunterricht Deutsch

http://kraeuterfraala.blogspot.de/
Blog über Natur, Pflanzen, Tiere und Kinder

http://www.labbe.de/liederbaum/
600 Kinderlieder und Singspiele

http://www.mathemonsterchen.de/
Ideen, Anregungen und Materialien für den Mathematikunterricht an Grundschulen

http://www.zaubereinmaleins.de/startseite/home..../
Blog mit Unterrichtsmaterial für den Grundschulunterricht

Alle Internetlinks zuletzt aufgerufen am 15.10.2016.